하루 두 글자로 완성하는 어휘력·문해력

김연수(현직 한문 교사, 교과서 집필 위원) 지음

최소한의 초등 한자

1권

다블북

무작정 한자를 쓰고 외우는 공부는 이제 그만!

최근 당연히 알아야 할 기초 어휘의 뜻을 몰라서 어려움을 겪는 아이들이 많아졌어요. 그런 아이들을 만나면 '한자 몇 글자만 알아도 어휘의 뜻을 쉽게 알 수 있을텐데'라는 생각에 안타까웠어요. 그래서 오랫동안 학교에서 아이들과 함께한 쉽고 재미있고 효과적인 한자 공부 노하우를 이 책에 담았어요. 무작정 한자를 쓰고 외우는 공부는 이제 그만! 어휘를 이해하고 확장하는 한자 공부 함께 시작해요!

한자는 왜 알아야 할까요?

우리는 한글을 사용하지만, 우리말에는 한자가 숨어 있어요. 일상적으로 사용하는 말에는 60% 이상, 교과서 속에는 90% 가까이 한자 어휘가 사용되지요. 생각보다 정말 많지요? 그래서 한자를 알면 많은 어휘의 뜻을 쉽고 정확하게 이해할 수 있어요. 또 잘 모르는 어휘를 만났을 때 뜻을 유추하는 힘도 생기지요. 교과서 속 개념들은 대개 한자어예요. 한자를 알면 개념을 쉽게 파악할 수 있어서 공부가 쉽게 느껴질 거예요.

그럼 한자는 어떻게 공부해야 할까요?

먼저 쉬운 한자와 자주 쓰이는 한자를 이미지와 함께 단계적으로 배워요. 그다음 배운 한자가 쓰인 일상 어휘와 교과 어휘를 공부하며 뜻을 정확하게 공부해요. 하나의 한자를 알면 연관된 많은 어휘를 한 번에 학습할 수 있어요. 또한, 한자와 어휘를 연결하면 의미 파악이 쉬워져 어휘에 대한 자신감이 생겨요.

한자는 공부의 기본이에요. 공부를 쉽게 만들어 주는 훌륭한 도구이지요. 한자를 공부하며 어휘 자신감, 공부 실력까지 쑥쑥 키워 보세요!

김연수 드림

이 교재의 특징

한자 → 어휘 → 교과 연계 지문
3가지 학습을 한 번에 할 수 있어요!

최신
2022 개정
교육과정
성취기준
반영!

이 책으로 공부하면
이런 점이 좋아요.

1

한자, 어휘, 속담까지
알찬 구성

50개의 한자와 115개의 어휘,
25개의 속담을
학습할 수 있어요.

2

차근차근
단계별 학습

8~7급 위주 한자, 생활 기초 한자,
2개 이상 결합하지 않는
획순이 적고 쉬운
한자로 구성했어요.

3

정확한 어휘 이해

한자의 뜻을 최대한 살린
쉽고 직관적인 어휘 설명으로
이해를 도와요.

4

학년에 맞춘
문해력 향상

1~2학년 교과 연계
지문을 읽고 문제를 풀며
독해력과 교과 지식까지
쌓을 수 있어요.

5

재미있는 한자 공부

한자 확인, 어휘 활용 예문,
이미지 연상, 속담 연계 문항,
퍼즐 등 다양한 유형의
문제로 즐겁게 공부해요.

이 교재의 구성

단원 구성

- 하루 2자, 5일씩 한 단원을 구성했어요.
- 5단계로 알차고 재미있게 학습해요.
- 스스로 학습 계획을 세우고 점검하며 자기 주도 학습을 해요.
- 획이 적고 쉬운 한자부터 단계적으로 학습해요.
- 소중한 나, 하루, 자연, 가족, 학교까지 '나'를 기준으로 확대되는 주제로 아이들의 눈높이에 맞는 어휘를 배워요.

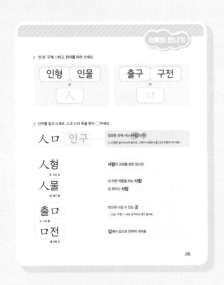

1단계 한자와 만나기

- 서로 관련 있는 한자를 2자씩 묶어서 학습해요.
- 한자의 자원과 관련된 이미지를 통해 한자를 효과적으로 연상해요.
- 한자를 따라 쓰면서 익혀요.

2단계 어휘와 만나기

- 오늘 배운 한자가 들어간 어휘를 학습해요.
- 한자의 뜻이 녹아 있는 어휘 풀이를 읽고 정확하게 익혀요.

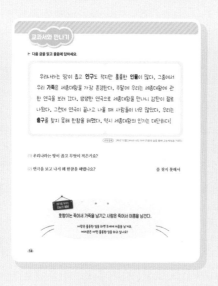

3단계 교과서와 만나기

- 오늘 배운 어휘가 들어간 교과 연계 지문을 읽으며 독해 실력과 교과 지식을 쌓아요.
- 오늘 배운 한자와 관련 있는 속담을 통해 어휘력과 사고력을 동시에 키워요.

4단계 문제로 확인해요

- 다양한 유형의 문제를 풀며 오늘 배운 한자와 어휘를 확인해요.

5단계 복습 문제 + 배경지식 쏙쏙

- 단원에서 배운 한자와 어휘를 재미있는 문제를 풀며 다시 한번 복습해요.
- 한자와 관련된 교과 연계 글을 읽으면서 배경지식을 쌓아요.

시작하기 전, 이것만은!

1 한자란 무엇일까요?

한자(漢字)는 중국에서 아주 오래전부터 쓰던 문자로, 한(漢)나라 때 지금의 글자 모습이 갖추어졌어요. 그래서 '한나라의 글자'라는 뜻에서 '한자'라고 불러요. 한자는 중국 주변 나라로 퍼져나가 오랜 시간 동안 영향을 주었어요. 지금도 한국, 일본 등 여러 국가에서 사용하는 동아시아 공동글자랍니다.

2 한자는 뜻과 소리를 가지고 있어요

한자는 글자가 뜻을 나타내는 뜻글자예요. 그래서 한자는 모양, 뜻, 소리를 가지고 있어요.

'人'이란 모양의 한자는 '사람'이란 뜻을 나타내고, '인'이라고 읽어요.

우리나라는 오랫동안 한자를 사용해 왔어요. 그래서 한자를 기초하여 만들어진 한자 어휘가 많아요. 뜻글자인 한자를 사용한 어휘는 의미를 정확하고 짧게 나타낼 수 있어서 학습에 필요한 개념어에 많이 쓰여요.

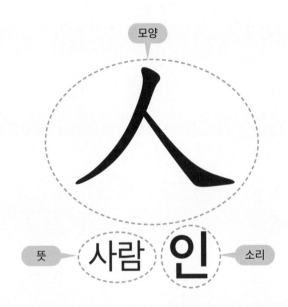

모양

人

뜻 사람 인 소리

③ 한자는 획이 있어요

한자는 전체적으로 정사각형 모양이에요. 위아래, 양옆의 균형과 비례를 생각하면서 써요. 한자에는 한글에 있는 동그라미가 없지만, 한글에 없는 획들이 있어요. 옆에 제시된 획을 알아두면 한자를 더욱 쉽게 익힐 수 있어요.

점   갈고리   삐침   파임

④ 한자는 이렇게 써요

한자를 쓰는 순서를 '필순'이라고 해요. 꼭 모든 획의 필순을 지켜야 하는 것은 아니지만 다음과 같은 간단한 원칙 몇 가지만 알고 있어도 한자를 바르고 쉽게 쓸 수 있어요.

1. 위에서 아래로 쓴다.   三 ➡ 一 二 三

2. 왼쪽에서 오른쪽으로 쓴다.   心 ➡ 心 心 心 心

3. 좌우의 모양이 같을 때는 가운데를 먼저 쓴다.   小 ➡ 亅 小 小

목차

1단원

소중한 나

나와 관련된 한자는 나를 닮았어요.
한자를 공부하며 '나의 소중함'에 대해 생각해 볼까요?

스스로 학습 계획을 세우고, 실천 후 😊에 표시하세요.

1일차

人 사람 인
口 입구

⬤ 월 ⬤ 일 😊

2일차

手 손 수
足 발 족

⬤ 월 ⬤ 일 😊

4일차

心 마음 **심**
身 몸 **신**

⬤ 월 ⬤ 일 😄

3일차

耳 귀 **이**
目 눈 **목**

⬤ 월 ⬤ 일 😄

5일차

自 스스로 **자**
力 힘 **력**

⬤ 월 ⬤ 일 😄

人

뜻   소리

사람 **인**

서 있는 사람의 모습이에요.

口

뜻   소리

입 **구**

입을 크게 벌린 모습이에요.

▶ 한자를 쓰면서 익혀요.

▶ '인'과 '구'에 ○하고, 한자를 따라 쓰세요.

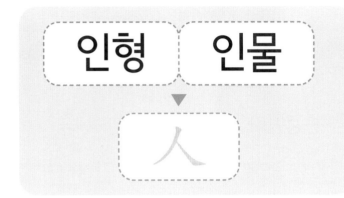

▶ 단어를 읽고 쓰세요. 人과 口의 뜻을 찾아 ◯하세요.

人口 인구	일정한 곳에 사는 사람의 수
	🔍 사람은 입이 하나씩 있어요. 그래서 사람의 수를 口로 표현하기도 해요.

人형
形 모양 형

사람의 모양을 본뜬 장난감

人물
物 물건 물

① 어떤 역할을 하는 사람
② 뛰어난 사람

출口
出 나갈 출

밖으로 나갈 수 있는 곳

🔍 口는 '구멍', '~하는 곳'이라는 뜻도 있어요.

口전
傳 전할 전

입에서 입으로 전하여 내려옴

교과서와 만나기

▶ 다음 글을 읽고 물음에 답하세요.

우리나라는 땅이 좁고 **인구**가 적은 편이지만 훌륭한 **인물**이 많다. 그 중에서 우리 가족은 세종 대왕을 가장 존경한다. 주말에 우리는 세종 대왕에 관한 연극을 보러 갔다. 생생한 연극으로 세종 대왕을 만나니 감탄이 절로 나왔다. 그런데 사람이 너무 많아서 나올 때 **출구**를 찾지 못하고 한참 헤맸다. 역시 세종 대왕의 인기는 대단하다!

(교과 연계) 2학년 인물[2바03-03] 여러 인물의 삶을 통해 공동체성을 기른다.

(1) 우리나라는 땅이 좁고 무엇이 적은 편인가요?

(2) 연극을 보고 나서 왜 한참 헤맸나요?   를 찾지 못해서

생각을 키우는
오늘의 속담

호랑이는 죽어서 가죽을 남기고 사람은 죽어서 이름을 남긴다

사람은 훌륭한 일을 하면 후세에 이름을 남겨요.
여러분은 어떤 훌륭한 일을 하고 싶나요?

1 빈칸에 들어갈 알맞은 단어를 찾아 연결하세요.

(1)
> 이 만화는 등장 　　　　 이 많아서
> 내용이 헷갈린다.

출구

(2)
> 공연이 끝나자 사람들은 우르르
> 　　　　 로 향했다.

인물

(3)
> 할머니께서 　　　　 으로 내려
> 오는 호랑이 이야기를 해주셨다.

인구

(4)
> 도시의 　　　　 는 점점 늘고 있다.

구전

2 한자의 뜻을 찾아 ○하세요.

(1)
| 人 | 사람 |
| | 사물 |

(2)
| 口 | 해 |
| | 입 |

3 밑줄 친 말에 해당하는 한자를 쓰세요.

호랑이는 죽어서 가죽을 남기고
<u>사람</u>은 죽어서 이름을 남긴다

뜻　소리

손　수

다섯 손가락을 펴고 있어요.

뜻　소리

발　족

발을 쭉 내민 모습이에요.

▷ **한자를 쓰면서 익혀요.**

▶ '수'와 '족'에 ○하고, 한자를 따라 쓰세요.

박수   가수
▼
手

족구   만족
▼
足

▶ 단어를 읽고 쓰세요. 手와 足의 뜻을 찾아 ○하세요.

手足   수족

① 손과 발
② 손발처럼 마음대로 부리는 사람

박手
拍 칠 박

손뼉을 마주침

가手
歌 노래 가

노래 부르는 것을 직업으로 삼는 사람

🔍 手는 손으로 무엇인가를 잘 다룬다는 의미에서 '잘하는 사람', '재주가 있는 사람'을 뜻해요. 주로 직업을 나타내는 말에 쓰여요. 예) 목수, 운동선수 등

足구
球 공 구

공을 발로 차서 네트를 넘겨 승부를 겨루는 경기

만足
滿 가득할 만

가득하고 충분하다

🔍 足은 '족하다', '충분하다'라는 뜻도 있어요.

교과서와 만나기

▶ 다음 글을 읽고 물음에 답하세요.

> 우리 가족을 소개합니다. 우리 오빠는 모든 운동을 잘해요. 특히 **족구**를 잘하지요. 언니는 노래를 아주 잘 불러요. 이다음에 커서 **가수**가 될 거래요. 나는 요리를 무척 좋아해요. 어제도 우리 가족을 위해 간식으로 피자를 만들었어요. 모두 피자가 맛있다며 남기지 않고 먹어서 정말 **만족**스러웠어요.

(교과 연계) 1학년 사람들 [2즐01-03] 가족이나 주변 사람과 소통하며 어울린다.

(1) 오빠는 특히 어떤 운동을 잘하나요?

(2) 가족들이 피자를 맛있게 먹자 나는 어떤 기분이 들었나요?   스러움

엄마 손은 약손

부모님의 따뜻한 손길은 약이 병을 치료하는 것처럼 특별한 힘이 있어요.
오늘은 항상 고마운 부모님의 손을 꼭 잡아 주세요.

1 빈칸에 들어갈 알맞은 단어를 찾아 연결하세요.

(1)

이 영화의 주인공은 ⬚⬚⬚⬚ 이지만 연기도 잘한다.   •

• 수족

(2)

⬚⬚⬚⬚ 냉증은 손과 발이 지나치게 차가워지는 병이다.   •

• 가수

(3)

축구와 ⬚⬚⬚⬚ 는 서로 다른 운동으로 여러 차이가 있다.   •

• 족구

2 다음 뜻에 해당하는 단어를 찾아 ○하세요.

축하나 환영하기 위해
두 손뼉을 마주치다.

구	가	만
박	수	촉
손	발	야
거	수	구

3 밑줄 친 말에 해당하는 한자를 쓰세요.

엄마 <u>손</u>은 약손

19

耳

뜻　소리

귀 이

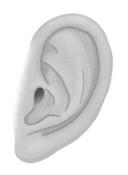

귀의 모양이에요.

目

뜻　소리

눈 목

눈의 모양을 세로로 표현했어요.

▷ **한자를 쓰면서 익혀요.**

▶ '이'와 '목'에 ○하고, 한자를 따라 쓰세요.

▶ 단어를 읽고 쓰세요. 耳와 目의 뜻을 찾아 ○하세요.

耳 目	이목	

① 귀와 눈
② 다른 사람의 주의나 관심

중耳염

中 가운데 중   炎 불꽃 염

가운데 귀에 생기는 염증

耳비인후과

鼻　咽　喉　科
코 비　목구멍 인 목구멍 후 과정 과

귀, 코, 목구멍의 병을 전문적으로 치료하는 병원

안 目

眼 눈 안

사물을 보는 눈

주 目

注 물댈 주

어떤 것에 관심을 가지고 자세히 **보고** 살핌

🔍 目은 '보다', '관점', '견해'라는 뜻도 있어요.

21

▶ 다음 글을 읽고 물음에 답하세요.

> 2교시 수학 시간이었다. 갑자기 교실 문이 드르륵 열리자 반 아이들의 **이목**이 한곳에 집중되었다. **중이염**을 앓아서 어제 결석한 도연이가 문 앞에 서 있었다. **주목**을 받은 도연이의 얼굴이 빨개졌다.

(교과 연계) 2학년 사람들 [2바01-03] 가족이나 주변 사람을 배려하며 관계를 맺는다.

(1) 갑자기 교실 문이 열리자 반 아이들의 무엇이 집중되었나요?

(2) 도연이는 어제 왜 결석했나요?   을 앓았기 때문에

눈이 보배다

눈썰미가 좋아서 한두 번 본 것을 잘 기억한다는 뜻이에요.
오늘 본 것 중 기억에 남는 것이 있나요?

1 문장에 들어갈 알맞은 단어에 ○하세요.

(1)
> 이비인후과에 가서 (이목/중이염)을 치료했다.

(2)
> 우리 형은 물건을 고르는 (안목/주목)이 뛰어나다.

(3)
> 내 친구는 목소리가 커서 어디서나 (안목/주목)을 받는다.

(4)
> 오늘 축구 경기에 세계 사람들의 (이목/안목)이 쏠렸다.

2 다음 뜻에 해당하는 한자를 찾아 연결하세요.

(1)
> 눈 •

> • 耳

(2)
> 귀 •

> • 目

3 다음 그림과 관련 있는 단어를 고르세요.

이비인후과   주목

心

뜻　소리

마음 **심**

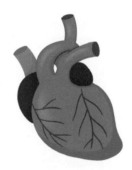

심장의 모양이에요.

身

뜻　소리

몸 **신**

임신한 엄마의 모습이에요.

▶ **한자를 쓰면서 익혀요.**

▶ '심'과 '신'에 ○하고, 한자를 따라 쓰세요.

▶ 단어를 읽고 쓰세요. 心과 身의 뜻을 찾아 ○하세요.

| 心身 | 심신 | 마음과 몸 |

열心
熱 더울 열

정성을 다하는 뜨거운 **마음**

진心
眞 참 진

거짓이 없는 참된 **마음**

자身
自 스스로 자

스스로의 **몸** → 나를 가리킴

身체
體 몸 체

사람의 **몸**

교과서와 만나기

▶ 다음 글을 읽고 물음에 답하세요.

엄마, 아빠께

저 지훈이에요. 어버이날을 맞아 저의 **진심**을 담아 편지를 써요.

가끔 제가 수업 시간에 장난을 쳐서 속상하셨지요? 이제 수업 시간에 집중해서 **열심**히 공부하기로 제 **자신**과 약속했어요. 저의 달라진 모습을 기대해 주세요. 저를 잘 키워 주셔서 항상 감사합니다.

사랑해요.

(교과 연계) 2학년 국어 [2국03-02] 쓰기에 흥미를 가지며 자신의 생각이나 느낌을 문장으로 표현한다.

(1) 지훈이는 어버이날을 맞아 무엇을 했나요? 을 담아 편지를 썼다

(2) 지훈이는 무엇을 하기로 자신과 약속했나요? 히 공부하기로

생각을 키우는 오늘의 속담

입에 쓴 약이 몸에 좋다

몸에 좋은 약은 입에 쓴 경우가 많아요. 쓰다고 뱉으면 몸에 도움이 안 되지요.
부모님의 충고가 가끔 쓰게 들릴 수도 있어요. 하지만 여러분을 위한 말이니
천천히 의미를 생각해 보고 감사의 마음을 가져 보는 건 어떨까요?

1 문장에 들어갈 알맞은 단어에 ○하세요.

(1) 언니의 생일을 (진심/자신)으로 축하해 주었다.

(2) 엄마께서는 평소에 한자를 (진심/열심)히 공부하신다.

(3) 내가 상을 받다니! 나 (자신/심신)도 믿을 수 없었다.

(4) 어제 늦게까지 일하신 아빠께서 (열심/심신)이 피곤하다고 하셨다.

2 다음 뜻에 해당하는 한자를 찾아 연결하세요.

(1) 몸 •　　　　　• 心

(2) 마음 •　　　　　• 身

3 다음 그림과 관련 있는 단어를 고르세요.

진심　　신체

뜻　　소리

스스로 **자**

코를 가리키며 '나'라고 하는 모습이에요.

뜻　　소리

힘 **력**

팔에 힘을 준 모습이에요.

▶ 한자를 쓰면서 익혀요.

▶ '자'와 '력'에 ○하고, 한자를 따라 쓰세요.

▶ 단어를 읽고 쓰세요. 自와 力의 뜻을 찾아 ○하세요.

自力	자력	

자기 스스로의 힘

自연
然 그러할 연

① **스스로** 그러한 것
② 산, 강, 바다와 같은 환경

自동
動 움직일 동

스스로 움직임

🔍 주로 스스로 작동하는 기계를 뜻해요. 예) 자동차, 자동문 등

수力
水 물 수

흐르거나 떨어지는 물의 **힘**

노力
努 힘쓸 노

어떤 일을 이루기 위해 **힘**을 다함

▶ 다음 글을 읽고 물음에 답하세요.

어제 학교에서 다 함께 치즈 공장으로 견학을 갔어요. 치즈를 만드는 모든 과정이 **자동**화되어 있어서 무척 신기했어요. 많은 연구원이 기술 개발을 위해 **노력**한 덕분이라요. 다음 달에는 물의 힘을 이용해 전기를 생산하는 **수력** 발전소에 견학을 가요. 또 새로운 것을 보고 배울 수 있 다니 정말 신나요.

(교과 연계) 2학년 기억 [2즐04-04] 기억에 남는 경험을 떠올리며 의미를 부여한다.

(1) 치즈 공장에서 어떤 점이 신기했나요?　　　모든 과정이　　　　　　　화된 모습

(2) 다음 달에는 어디로 견학을 가나요?　　　　　　　　　　　　　　발전소

하늘은 스스로 돕는 자를 돕는다

하늘도 스스로 노력한 사람을 도와준다는 뜻이에요.
어떤 일을 이루기 위해서 가장 중요한 것은 자신의 노력이라는 말이지요.
지금껏 내가 가장 열심히 한 일은 무엇인가요?

1️⃣ 빈칸에 알맞은 단어를 <보기>에서 찾아 쓰세요.

보기   수력   노력   자동

(1) 양궁 국가대표들은 끊임없는 _____ 으로 금메달을 땄다.

(2) _____ 발전소는 수직으로 떨어지는 물의 힘을 이용한다.

(3) 이 가스레인지는 온도가 너무 높으면 _____ 으로 꺼진다.

2️⃣ 다음 뜻에 해당하는 단어를 찾아 ○하세요.

- 스스로 그러한 것.
- 산, 강, 바다와 같은 환경.

자	동	수
연	기	능
노	력	문
일	하	다

3️⃣ 다음 한자의 뜻을 찾아 ○하세요.

(1)

力	힘
	몸

(2)

自	스스로
	마음

1 빈칸에 공통으로 들어가는 글자를 찾아 연결하세요.

(1) 주◻   안◻   •

(2) ◻전   출◻   •

(3) ◻목   중◻염   •

(4) ◻물   ◻구   •

• 목目

• 인人

• 이耳

• 구口

2 가로세로 열쇠의 뜻풀이를 읽고 퍼즐을 완성하세요.

가로 열쇠
① 흐르거나 떨어지는 물의 힘
② 마음과 몸
③ 손과 발 / 마음대로 부리는 사람

세로 열쇠
④ 어떤 일을 이루기 위해 힘을 다함
⑤ 정성을 다하는 뜨거운 마음
⑥ 사람의 몸
⑦ 노래 부르는 것을 직업으로 삼는 사람
⑧ 공을 발로 차서 네트를 넘겨 승부를
   겨루는 경기

	④			
①	력力			
			⑤	
			②	⑥
				신身
	⑦			
	③	⑧		
	족足			

그림일까 글자일까?!

한자는 처음에 어떻게 만들어졌을까요?

전해지는 바로는 아주 먼 옛날, 어떤 사람이 새와 짐승의 발자국을 보고 그 모양을 본떠서 만들었다고 해요. 그 뒤로 주로 눈으로 볼 수 있는 물건의 모양을 그대로 따라 그려서 여러 한자가 만들어졌어요. 이렇게 모양을 본뜬 글자를 '상형 문자'라고 해요. 한자로 쓰면 '象본뜰 상 形모양 형'이에요. 한자의 뜻에도 모양을 본떠 만든 글자인 것이 드러나지요?

이렇게 그림에서 출발한 한자는 오랜 시간이 지나며 여러 변화를 거쳤어요. 그리고 점차 지금의 모습을 갖추게 되었지요. 한자 공부를 할 때 기억이 잘 나지 않는다면, 그 물건의 모양이 어떤지 잘 생각해 보세요.

2단원 나의 하루

시계, 전화, 간판 등 숫자는 어디서나 볼 수 있어요.
하루 동안 만나는 숫자를 한자로 익혀 보아요.

9일차

七 일곱 **칠**
八 여덟 **팔**

⬤ 월 ⬤ 일 😄

8일차

五 다섯 **오**
六 여섯 **육**

⬤ 월 ⬤ 일 😄

10일차

九 아홉 **구**
十 열 **십**

⬤ 월 ⬤ 일 😄

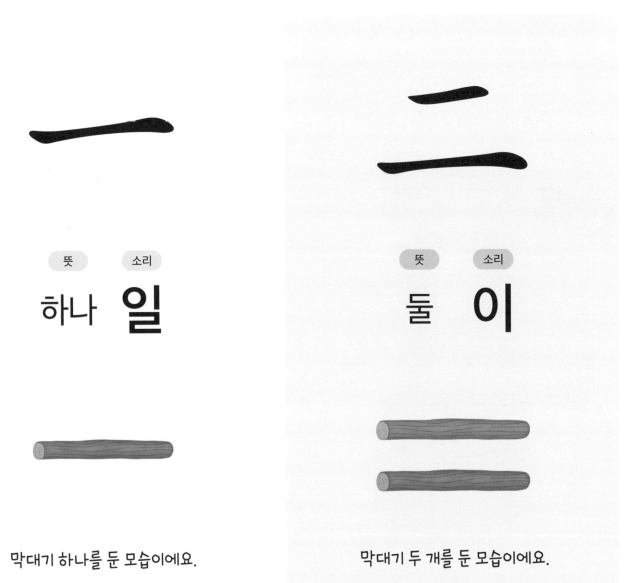

뜻	소리
하나	**일**

막대기 하나를 둔 모습이에요.

뜻	소리
둘	**이**

막대기 두 개를 둔 모습이에요.

▶ **한자를 쓰면서 익혀요.**

▶ '일'과 '이'에 ○하고, 한자를 따라 쓰세요.

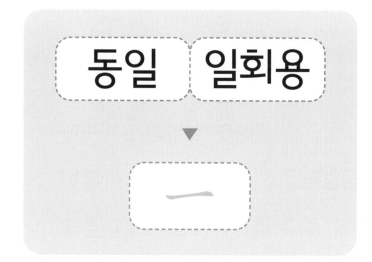

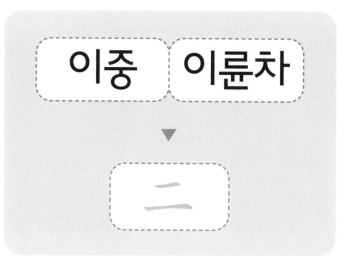

▶ 단어를 읽고 쓰세요. 一과 二의 뜻을 찾아 ○하세요.

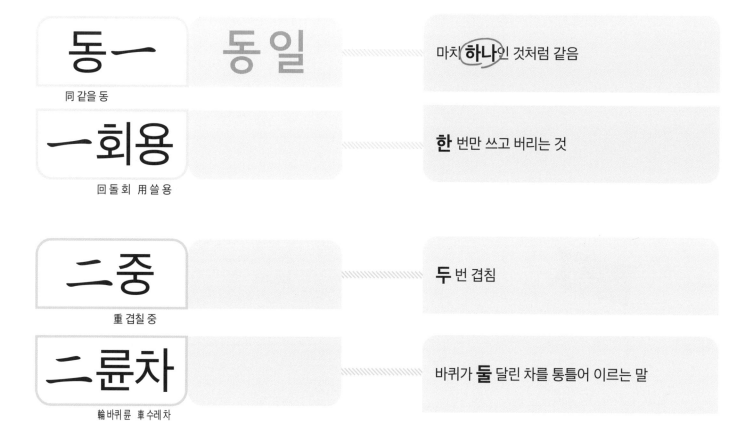

동一
同 같을 동
동 일

마치 하나인 것처럼 같음

一회용
回 돌 회 用 쓸 용

한 번만 쓰고 버리는 것

二중
重 겹칠 중

두 번 겹침

二륜차
輪 바퀴 륜 車 수레 차

바퀴가 둘 달린 차를 통틀어 이르는 말

▶ 다음 글을 읽고 물음에 답하세요.

> 오늘 엄마가 달콤한 주스를 사 오셨어요. 동생과 나는 주스를 컵에 따르고 양을 비교했어요. 나는 주스 양을 비교하는 방법을 동생에게 알려 주었어요. 마침내 주스 양이 **동일**해졌고 우리는 사이좋게 나눠 마셨어요. 그런데 **일회용** 종이컵을 써서 지구에게 미안했어요. 다음에는 유리컵에 따라 마셔야겠어요.

(교과 연계) 2학년 수학 [2수03-06] 구체물의 길이, 들이, 무게, 넓이를 비교하여 각각 '길다, 짧다', '많다, 적다', '무겁다, 가볍다', '넓다, 좁다' 등을 구별하여 말할 수 있다.

(1) 동생과 나의 주스 양이 마침내 어떻게 되었나요?   해졌다

(2) 주스를 어떤 컵에 따라 마셨나요?   종이컵

생각을 키우는
오늘의 **속담**

둘이 먹다 하나가 죽어도 모른다

같이 음식을 먹다가 옆에 있던 사람이 자리를 비워도 모를 만큼 맛있다는 뜻이에요.
지금까지 먹어 본 음식 중에서 가장 맛있는 음식은 무엇인가요?

1 문장에 들어갈 알맞은 단어에 ○하세요.

(1)
> 오래된 내 책과 동생의 새 책은 표지는 다르지만 내용은 (동일/이중)하다.

(2)
> 올 겨울에 (동일/이중) 창문으로 바꾸었더니 방 안이 더 따뜻해졌다.

(3)
> 나는 환경을 보호하기 위해 (이중/일회용) 제품을 덜 사용하려고 노력한다.

(4)
> 자전거, 오토바이처럼 바퀴가 두 개인 차를 (이중/이륜차)라고 한다.

2 다음 그림에 해당하는 한자를 찾아 연결하세요.

(1)
●

● 一

(2)
●

● 二

3 밑줄 친 말에 해당하는 한자를 쓰세요.

둘이 먹다 <u>하나</u>가 죽어도 모른다

뜻   소리

셋   **삼**

막대기 세 개를 둔 모습이에요.

뜻   소리

넷   **사**

물건을 네 개로 나눈 모습이에요.

▶ 한자를 쓰면서 익혀요.

어휘와 만나기

▶ '삼'과 '사'에 ○하고, 한자를 따라 쓰세요.

▶ 단어를 읽고 쓰세요. 三과 四의 뜻을 찾아 ◯하세요.

三각형 삼각형
角 뿔각 形 모양형

（세）개의 각이 있는 도형

三일절
一 하나일 節 마디절

3월 1일 독립운동을 기념하기 위한 날

🔎 '일, 이, 삼, 사...'는 숫자 이름이고, '하나, 둘, 셋, 넷...' 은 양을 나타내요.

四각형
角 뿔각 形 모양형

네 개의 각이 있는 도형

四계절
季 계절계 節 마디절

봄, 여름, 가을, 겨울의 **네** 계절

41

▶ 다음 글을 읽고 물음에 답하세요.

오늘 학교에서 교실과 주변을 관찰하고 **삼각형**과 **사각형**인 물건을 찾아 보았어요. 급식으로 나온 샌드위치와 음악 시간에 연주한 트라이 앵글은 **삼각형**이에요. 교실 앞 게시판에 붙어 있는 **사계절** 풍경 사진은 **사각형**이에요. 집에서도 다양한 모양을 찾아 볼 거예요.

教科 연계 2학년 수학 [2수03-03] 교실 및 생활 주변에서 여러 가지 물건을 관찰하여 삼각형, 사각형, 원의 모양을 찾고, 이를 이용하여 여러 가지 모양을 만들 수 있다.

(1) 급식으로 나온 샌드위치는 어떤 모양이었나요?

(2) 내가 찾은 사각형 물건은 무엇이었나요?   풍경 사진

생각을 키우는 오늘의 **속담**

내 코가 석자

'코'는 콧물을 뜻해요. '자'는 길이 단위로 약 30cm예요.
내 콧물이 100cm나 흐르고 있는데 남을 신경 쓸 겨를이 없겠지요?

1 문장에 들어갈 알맞은 단어에 ○하세요.

(1)
> 종이를 (삼각형/사계절)으로 접어 고깔모자를 만들었다.

(2)
> 칠판, 책상, 교과서는 모두 (삼각형/사각형)이다.

(3)
> 나는 (삼각형/사계절) 중 꽃이 많이 피는 봄이 가장 좋다.

(4)
> 우리 가족은 (삼일절/사계절)을 맞아 천안에 있는 독립 기념관에 갔다.

2 다음 그림에 해당하는 한자를 찾아 연결하세요.

(1)
    •   •   四

(2)
    •   •   三

3 다음 그림과 어울리는 단어를 고르세요.

사계절   삼각형

43

五

뜻   소리

다섯   오

나무 막대기를 엇갈리게 놓아 다섯을 표시했어요.

六

뜻   소리

여섯   육

손가락을 세 개씩 펴서 맞댄 모습이에요.

▷ **한자를 쓰면서 익혀요.**

一 丁 五 五

五			

一 二 六 六

六			

▶ '오'와 '육'에 ○하고, 한자를 따라 쓰세요.

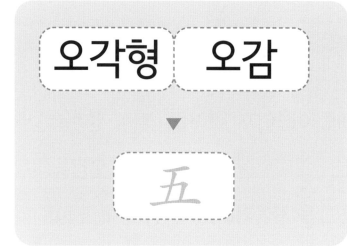

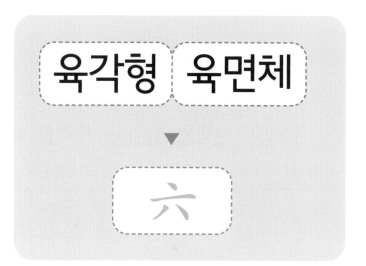

▶ 단어를 읽고 쓰세요. 五와 六의 뜻을 찾아 ○하세요.

五각형 오각형 .... ⟨다섯⟩ 개의 각이 있는 도형
角 뿔각 形 모양형

五감 .... **다섯** 개의 감각 (시각, 청각, 후각, 미각, 촉각)
感 느낄 감

六각형 .... **여섯** 개의 각이 있는 도형
角 뿔각 形 모양형

六면체 .... **여섯** 개의 면이 있는 입체
面 얼굴면 體 몸체

▶ 다음 글을 읽고 물음에 답하세요.

나는 과학 수업을 가장 좋아해요. 오늘은 축구공에 대해 배웠어요. 축구공은 **오각형** 12개와 **육각형** 20개로 이루어져 있어요. 자석 블록을 이용해 직접 축구공 모양도 만들었어요. 과학 실험을 할 때는 **오감**을 활용해요. 시각, 청각, 후각, 미각, 촉각을 활용하니 더 생생하게 느껴져요. 매일 과학 시간이 기다려져요.

(교과 연계) 2학년 수학 [2수02-01] 물체, 무늬, 수 등의 배열에서 규칙을 찾아 여러 가지 방법으로 표현할 수 있다.

(1) 축구공에는 어떤 도형이 20개 있나요?

(2) 과학 실험을 할 때 무엇을 활용하나요?

생각을 키우는 오늘의 속담

여자가 한을 품으면 오뉴월에도 서리가 내린다

예전에는 여자를 약한 존재라고 생각했어요. 약한 여자도 억울한 일로 마음에 한을 품으면 한여름음력 5, 6월에 서리가 내릴 정도로 매섭고 독해진다는 뜻이지요. 여러분은 서리가 내릴 정도로 마음이 차가운 적이 있었나요? 그럴 때는 어떻게 하면 좋을까요?

1 빈칸에 들어갈 알맞은 단어를 찾아 연결하세요.

(1)

개는 _____ 중 후각이 특히 발달했다. •

• 오감

(2)

벌집은 수많은 _____ 으로 이루어졌다. •

• 육면체

(3)

다섯 개의 점을 이어 _____ 을 그렸다. •

• 육각형

(4)

주사위는 _____ 로, 각 면에는 숫자가 적혀 있다. •

• 오각형

2 다음 한자가 나타내는 숫자에 ○하세요.

(1)

| 五 | 3 |
| | 5 |

(2)

| 六 | 6 |
| | 7 |

3 다음 그림과 어울리는 단어를 고르세요.

오감　육면체

뜻　소리

일곱 **칠**

10에서 3을 빼면 7이에요.
손가락 세 개로 숫자 7을 나타냈어요.

뜻　소리

여덟 **팔**

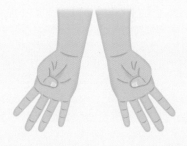

손가락을 네 개씩 펴서 맞댄 모습이에요.

▶ 한자를 쓰면서 익혀요.

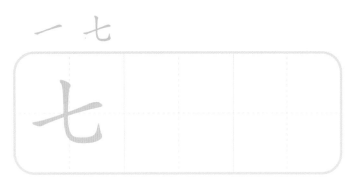

▶ '칠'과 '팔'에 ○하고, 한자를 따라 쓰세요.

칠순	칠석

七

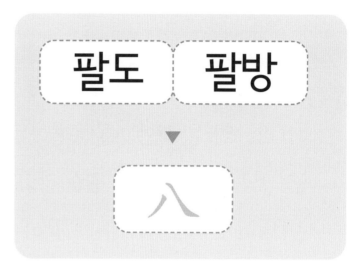

팔도	팔방

八

▶ 단어를 읽고 쓰세요. 七과 八의 뜻을 찾아 ○하세요.

 **七순** 칠순
旬 열흘 순

나이 **칠**십 살
🔍 旬은 10을 뜻해요. 7에 10을 곱하면 70이에요.

七석
夕 저녁 석

음력 **칠월 칠**일 저녁
🔍 칠석에 견우와 직녀가 만난다는 이야기가 전해 내려와요.

 **八도**
道 길 도

여덟 개의 도 → 우리나라 전체
🔍 우리나라를 팔도강산이라고 해요. 팔도란 조선 시대에 전국을 여덟 개로 나눈 행정 구역으로 강원도, 경기도, 경상도, 전라도, 충청도, 평안도, 함경도, 황해도를 말해요.

八방
方 모 방

여덟 방향
🔍 동서남북을 사방이라고 해요. 동북, 동남, 서북, 서남까지 더하면 팔방이에요. 주로 '사방팔방'이라고 해요.

▶ 다음 글을 읽고 물음에 답하세요.

> 오늘은 견우와 직녀가 만난다는 **칠석**이에요. 음력으로 7월 7일 저녁이지요. 오늘은 작년 겨울에 돌아가신 할머니가 더욱 그리워요. 왜냐하면 작년 **칠석**에 할머니 **칠순** 잔치를 했거든요. 오랜만에 전국 **팔도**에서 친척들이 모두 모였어요. 다 같이 맛있는 음식을 먹고 이야기도 나누었지요. 오늘이 가장 기쁜 날이라며 행복해하시던 할머니의 모습이 아직도 생생히 기억나요.

교과 연계 2학년 기억 [2즐04-04] 기억에 남는 경험을 떠올리며 의미를 부여한다.

(1) 작년 칠석에는 어떤 잔치가 열렸나요?   할머니의   잔치

(2) 친척들은 어디에서 왔나요?   전국

생각을 키우는
오늘의 속담

일곱 번 넘어져도 여덟 번 일어난다

넘어져도 다시 일어나는 오뚝이처럼 여러 번 실패해도 또 도전한다는 의미예요.
여러분도 어떤 일이든 좌절하지 말고 힘내서 다시 해보는 거예요!

1 빈칸에 들어갈 알맞은 단어를 찾아 연결하세요.

(1)
으로 찾아다녔지만 선생님 소식을 아는 사람은 아무도 없었다. •

• 칠석

(2)
할아버지는 □□□이 넘으셨지만 여전히 매일 책을 읽으신다. •

• 팔방

(3)
견우와 직녀는 □□□이 되어야만 만날 수 있다. •

• 칠순

2 다음 한자가 나타내는 숫자에 ○하세요.

(1)

七   6
      7

(2)
八   4
      8

3 다음 그림과 어울리는 단어를 고르세요.

칠순   팔도

뜻　　소리

아홉　구

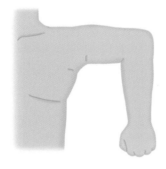

힘을 준 팔과 팔꿈치의 모습이에요.
지금은 숫자 9를 나타내요.

뜻　　소리

열　십

다섯 손가락을 펴고 팔을 엇갈리게 놓았어요.

▶ 한자를 쓰면서 익혀요.

▶ '구'와 '십'에 ○하고, 한자를 따라 쓰세요.

▶ 단어를 읽고 쓰세요. 九와 十의 뜻을 찾아 ○하세요.

九九단 구구단
段 단계 단

1부터 **9**까지 차례대로 곱하는 방법

九미호
尾 꼬리 미 狐 여우 호

꼬리가 **아홉** 개 달린 여우

十자
字 글자 자

열 십(十) 모양을 가진 것

🔍 십자가, 십자말풀이, 십자드라이버 등으로 쓰여요.

十중팔九
中 八
가운데 중 여덟 팔

열 개 중 여덟 개나 **아홉** 개 → 거의 대부분

53

▶ 다음 글을 읽고 물음에 답하세요.

> 주은이는 집에 오자마자 알림장을 펼쳐 숙제를 살펴보았어요. 먼저 **구미호**가 나오는 동화책을 읽어야 해요. 선생님께서 내일 이 책의 내용으로 **십자**말풀이도 하고, 퀴즈도 푼다고 하셨어요. 꼼꼼히 읽어서 다 맞히고 싶어요. 아참, 매일 **구구단** 연습도 잊어서는 안 돼요.

(교과 연계) 2학년 국어 [2국02-03] 글을 읽고 중심 내용을 확인한다.

(1) 주은이는 어떤 동화책을 미리 읽어야 하나요?   가 나오는 동화책

(2) 주은이는 매일 무엇을 연습하고 있나요?

열 손가락 깨물어 안 아픈 손가락 없다

자식을 손가락에 비유한 표현이에요. 모든 자식은 다 귀하고 소중하다는 뜻이지요.
부모님이 나보다 형제자매를 더 사랑하는 것 같나요? 절대 그럴 일은 없답니다.
오늘은 항상 우리를 위해 애쓰시는 부모님께 사랑한다고 속삭여 보세요.

1 빈칸에 들어갈 알맞은 단어를 찾아 연결하세요.

(1)

8시 30분에 일어났으니 　　　　　 지각이다.

•　　　　　　　• 십자

(2)

　　　　　 을 외워 두면 빠르고 정확하게 곱셈을 할 수 있다.

•　　　　　　　• 구구단

(3)

아빠의 도움 없이 　　　　　 드라이버로 시계 건전지를 교체했다.

•　　　　　　　• 십중팔구

2 아홉 구(九)에 모두 ○하고 몇 개인지 세어 보세요.

　　　　　 개

九	刀	力
九	力	九
力	九	丸

3 밑줄 친 말에 해당하는 한자를 쓰세요.

<u>열</u> 손가락 깨물어 안 아픈 손가락 없다

1 빈칸에 공통으로 들어가는 글자를 찾아 연결하세요.

(1) ☐각형　　☐일절　•

(2) 동☐　　☐회용　•

(3) ☐방　　☐도　•

(4) ☐각형　　☐면체　•

• 삼三

• 육六

• 일一

• 팔八

2 가로세로 열쇠의 뜻풀이를 읽고 퍼즐을 완성하세요.

가로 열쇠
① 봄, 여름, 가을, 겨울 네 계절
② 다섯 개의 각이 있는 도형
③ 열 개 중 여덟 개나 아홉 개 /
　거의 대부분

세로 열쇠
④ 네 개의 각이 있는 도형
⑤ 다섯 개의 감각
　(시각, 청각, 후각, 미각, 촉각)
⑥ 두 번 겹침
⑦ 꼬리가 아홉 개 달린 여우

		①④ 사四			
②⑤ 오五					
			⑥		
		③ 십十			⑦ 구九

손으로 숫자를 나타내요

한자는 중국에서 오래전부터 사용한 문자예요. 중국의 주변 나라인 우리나라와 일본도 중국의 영향으로 옛날부터 한자를 사용했지요. 지금은 각 나라의 문자인 한글과 가나*를 사용하지만, 우리말에는 한자어가 많고, 일본어에는 여전히 한자를 섞어 쓴답니다. 특히 숫자는 세 나라 모두 같은 한자를 사용해요. 서로 말이 안 통해도 숫자 정도는 한자를 쓰면 서로 소통할 수 있어요.

중국에는 숫자를 표현하는 손 모양이 있어요. 시장에서 물건을 살 때 흔히 사용하지요. 소리로 들었을 때 숫자가 헷갈려 곤란한 상황을 막기 위해서예요. 우리가 알고 있는 숫자를 어떻게 표현하는지 한번 따라 해 볼까요?

*가나는 일본 문자로 히라가나와 가타카나가 있어요.

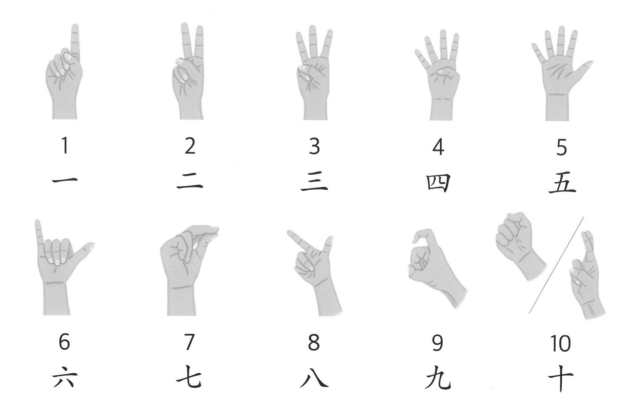

3단원 나와 자연

일 년, 한 달, 하루 속에 자연이 있다고요?
한자를 배우며 곳곳에 숨은 자연을 찾아 보세요.

13일차

木 나무**목**
金 쇠**금**

월 일

14일차

土 흙**토**
日 해**일**

월 일

15일차

午 낮**오**
夕 저녁**석**

월 일

年

뜻   소리

해   년

1년 동안 길러 수확한 벼를
등에 지고 가는 사람이에요.

月

뜻   소리

달   월

초승달 모양이에요.

▷ 한자를 쓰면서 익혀요.

丿 ﹨ ﾉ ﾟ ﾆ 年

年

丿 刀 月 月

月

▶ '년(연)'과 '월'에 ○하고, 한자를 따라 쓰세요.

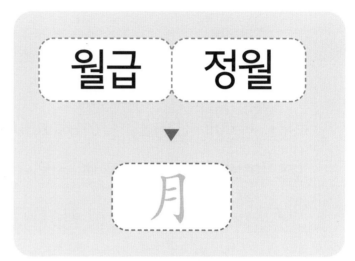

▶ 단어를 읽고 쓰세요. 年과 月의 뜻을 찾아 ○하세요.

作 年
昨 어제 작

作년

年세
歲 해 세

지난 **해**

나이의 높임말

🔍 1년에 1살씩 먹으니 年은 나이를 뜻하기도 해요.
단어의 맨 앞에 오면 '연'으로 소리나요.

月급
給 줄 급

정月
正 바를 정

달마다 일하는 대가로 받는 돈

첫 번째 **달** → 음력 1월

61

▶ 다음 글을 읽고 물음에 답하세요.

해가 바뀌고 첫 보름달이 뜨는 **정월** 대보름이에요. 나는 할아버지를 뵈러 시골에 갔어요. 할아버지께서는 친구분들과 경로당에 계셨어요. 모두 **연세**가 많으시지만 늘 기운이 넘치시지요.

"할아버지, **작년**에 많이 찾아뵙지 못해서 죄송해요."

"괜찮아. 오늘 같이 오곡밥도 먹고 부럼도 깨고 달에게 소원도 빌자꾸나."

할아버지와 나는 전통 풍습을 함께하며 즐거운 추억을 만들었어요.

(교과 연계) 2학년 인물 [2즐03-03] 전통문화를 새롭게 표현한다.

(1) 해가 바뀌고 첫 보름달이 뜨는 날은 언제인가요?　　　　　　　　대보름

(2) 승윤이는 왜 할아버지께 죄송했나요?　　　　　　　에 많이 찾아뵙지 못해서

생각을 키우는
오늘의 **속담**

달도 차면 기운다

둥근 보름달이 다시 가느다란 초승달이 되듯이
세상 모든 일은 잘될 때도 있고 그렇지 못할 때도 있어요.
그러니 좋은 일을 너무 뽐내거나 나쁜 일에 너무 속상해하지 말아요.

1 빈칸에 들어갈 알맞은 단어를 찾아 연결하세요.

(1) 아빠   날에 우리 가족은 항상 피자를 먹는다.   •

  • 정월

(2)   대보름에는 "내 더위 사가라" 며 더위팔기를 한다.   •

  • 월급

(3) 내 동생은   보다 키가 많이 컸다.   •

  • 작년

2 다음 뜻에 해당하는 단어를 찾아 ○하세요.

- 나이의 높임말.
- 어른들에게는 나이가 아니라 "○○가 어떻게 되세요?"라고 여쭤봐야 해요.

년	작	년
달	연	정
더	세	월
정	해	급

3 밑줄 친 말에 해당하는 한자를 쓰세요.

<u>달</u>도 차면 기운다

뜻　소리

불 **화**

불이 활활 타오르고 있어요.

뜻　소리

물 **수**

물이 굽이굽이 흐르고 있어요.

▶ 한자를 쓰면서 익혀요.

▶ '화'와 '수'에 ○하고, 한자를 따라 쓰세요.

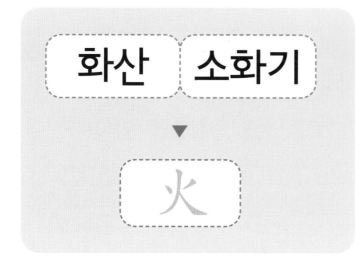

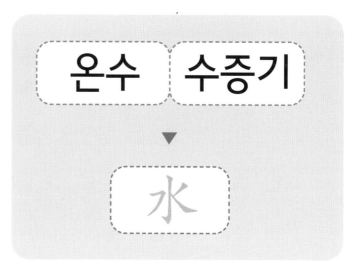

▶ 단어를 읽고 쓰세요. 火와 水의 뜻을 찾아 ○하세요.

火산 　화산
山 산 산

땅속의 마그마가 불같이 터져 나오는 산

소火기
消 사라질 소　　器 그릇 기

불을 끄는데 쓰는 기구

온水
溫 따뜻할 온

따뜻한 물

水증기
蒸 찔 증　氣 기운 기

기체 상태의 물

🔍 기체란 공기처럼 일정한 모양이 없는 상태를 말해요.

▶ 다음 글을 읽고 물음에 답하세요.

오늘 학교에서 물의 변화에 대해 배웠어요. 물은 온도에 따라 형태가 달라져요. 온도가 높으면 **수증기**가 되고, 온도가 낮으면 얼음이 되지요. 내가 집에 돌아왔을 때 엄마께서 설거지를 하고 계셨어요. 그런데 갑자기 동생이 불이 났다며 허둥지둥 **소화기**를 찾았어요. **온수**에서 나오는 **수증기**를 보고 연기로 착각한 것이었어요. 우리는 모두 깔깔 웃고 말았답니다.

(교과 연계) 1학년 학교 [2즐01-01] 즐겁게 놀이하며 건강하고 안전하게 생활한다.

(1) 물은 온도가 높으면 무엇이 되나요?

(2) 동생은 수증기를 연기로 착각하고 무엇을 찾았나요?

불난 데 부채질한다

불에 부채질을 하면 불이 더 크게 번져요. 이처럼 이미 화난 사람을
더 화나게 하는 행동할 때 사용하는 표현이에요. 부모님이 화가 났을 때
계속 말대꾸를 하면 불난 데 부채질하는 격이에요.

1 빈칸에 들어갈 알맞은 단어를 찾아 연결하세요.

(1)
화재에 대비해 평소에 ___ 사용법을 잘 익혀두어야 한다.

소화기

(2)
제주도는 한라산의 ___ 폭발로 만들어진 섬이다.

수증기

(3)
보일러가 고장 났는지 학교 화장실에 ___ 가 나오지 않았다.

화산

(4)
목욕탕은 ___ 로 항상 뿌옇다.

온수

2 다음 그림에 해당하는 한자를 찾아 연결하세요.

火

水

3 밑줄 친 말에 해당하는 한자를 쓰세요.

<u>불</u>난 데 부채질한다

뜻　소리

나무 **목**

뿌리와 가지가 쭉 뻗은 모습이에요.

뜻　소리

쇠 **금**

땅속에 반짝이는 것이 있어요.

▶ 한자를 쓰면서 익혀요.

▶ '목'과 '금'에 ○하고, 한자를 따라 쓰세요.

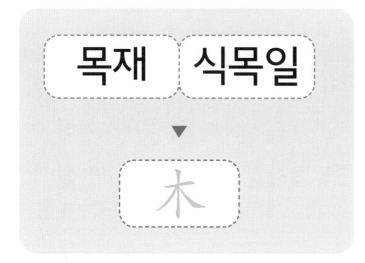

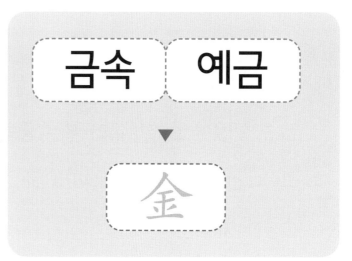

▶ 단어를 읽고 쓰세요. 木과 金의 뜻을 찾아 ○하세요.

| 木 재 | 목재 | 건축이나 가구에 쓰이는 나무로 된 재료 |

材 재목 재

| 식 木 일 | | 나무를 심도록 정한 날, 4월 5일 |

植 심을 식 　　日 날 일

| 金 속 | | 쇠로 된 물건 |

屬 무리 속

| 예 金 | | 은행에 돈을 맡기는 일 |

預 맡길 예

🔍 金은 '돈'이라는 뜻도 있어요.

※ 우리나라에서 가장 많은 성씨인 '김'씨도 金을 써요.
이때는 '금'이 아니라 '김'이라고 읽어요.

▶ 다음 글을 읽고 물음에 답하세요.

금속과 **목재**는 건물을 짓거나 우리에게 필요한 물건을 만들 때 사용하는 재료예요. 철, 구리 같은 **금속**은 단단하고 오래가요. **목재**는 가볍고 자연의 따뜻함을 느끼게 해요. 모두 우리 생활에 없어서는 안 될 소중한 재료들이에요.

우리 가족은 매년 **식목일**마다 산에 나무를 심고 있어요. 우리 생활에 도움을 주는 나무들에게 고마운 마음으로 심어요.

(교과 연계) 2학년 자연 [2바01-04] 생태환경에서 더불어 살기 위해 노력한다.

(1) 철, 구리처럼 단단하고 오래가는 재료는 무엇인가요?

(2) 매년 언제 산에 나무를 심고 있나요?

생각을 키우는 오늘의 **속담**

열 번 찍어 아니 넘어가는 나무 없다

무슨 일이든 여러 번 시도하고 노력하다 보면 언젠가 이루어져요.
그러니 꼭 하고 싶은 일이 있다면 포기하지 말고 열 번, 백 번 도전해 보세요.

1 빈칸에 들어갈 알맞은 단어를 찾아 연결하세요.

(1)

　　　　　는 물기에 약해 관리를 잘못 하면 금방 썩는다.　　　　　　　　　　　　　　　　　　예금

(2)

용돈을 스스로 관리할 수 있도록 은행에 가서 　　　　　 계좌를 만들었다.　　　　　　　　　식목일

(3)

5년 전 　　　　　 에 심은 나무가 어느새 내 키보다 크다.　　　　　　　　　　　　　　　　　목재

2 다음 그림에 해당하는 한자를 찾아 연결하세요.

金

木

3 밑줄 친 말에 해당하는 한자를 쓰세요.

열 번 찍어 아니 넘어가는 <u>나무</u> 없다

뜻　　소리

흙　**토**

땅 위에 한 줌의 흙이 있어요.

뜻　　소리

해　**일**

둥그런 해 모양이에요.

▶ 한자를 쓰면서 익혀요.

▶ '토'와 '일'에 ○하고, 한자를 따라 쓰세요.

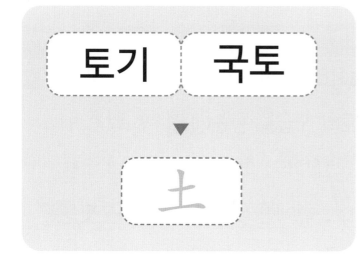

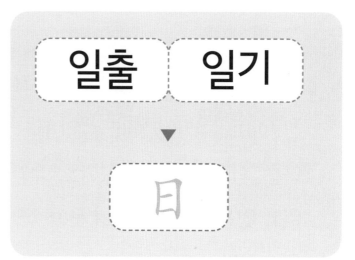

▶ 단어를 읽고 쓰세요. 土와 日의 뜻을 찾아 ○하세요.

土기 토 기

器 그릇 기

으로 만든 그릇이나 도구

국土

國 나라 국

나라의 **땅**

🔍 土는 '땅'이라는 뜻도 있어요.

日출

出 날 출

해가 뜸

日기

記 기록할 기

그 **날** 겪은 일이나 생각을 적은 기록

🔍 해가 뜨고 지는 것이 하루이지요. 그래서 日은 '하루', '날'이라는 뜻도 있어요.

73

▶ 다음 글을 읽고 물음에 답하세요.

나와 가장 친한 우재 집에 놀러 갔어요. 우재는 역사에 관심이 많은 친구예요. 우재 방에는 우리나라 **국토**의 모습을 한눈에 볼 수 있는 커다란 지도가 걸려 있었어요. 우재는 책장에서 책을 한 권 꺼내 요즘 읽고 있는 역사책이라며 보여 주었어요. 책에는 옛사람들이 쓰던 빗살무늬 **토기** 사진이 있었어요. 역사는 어렵다고만 느꼈었는데, 생각보다 흥미로웠어요. 오늘 우재와 함께 놀았던 일을 **일기**에 쓸 거예요.

(교과 연계) 1학년 우리나라 [2슬02-02] 우리나라의 모습이나 문화를 조사한다.

(1) 지도를 통해 무엇을 한눈에 볼 수 있었나요?   우리나라 _____ 의 모습

(2) 우재가 역사책 속 어떤 사진을 보여주었나요?   빗살무늬 _____ 사진

해가 서쪽에서 뜨다

원래 동쪽에서 뜨는 해가 서쪽에서 뜨는 것처럼 전혀 예상할 수 없는 희한한 일이
일어났을 때 쓰는 말이에요. 매일 늦잠 자던 동생이 나보다 일찍
일어났다면 "해가 서쪽에서 떴니?"라고 말해줄 수 있겠지요?

1 문장에 들어갈 알맞은 단어에 ○하세요.

(1)

아파트 공사 현장에서 빗살무늬 (토기/일기)가 발견되었다.

(2)

이순신 장군은 전쟁에서 겪고 느낀 점을 (토기/일기)에 잘 기록해 두었다.

(3)

우리나라 (일출/국토)의 70%는 산으로 되어 있다.

(4)

승윤이네 가족은 새해 (일출/국토)을 보기 위해 아침부터 남산에 올랐다.

2 해 일(日)에 모두 ○하고 몇 개인지 세어 보세요.

　　　　　　개

日	目	白
目	日	自
自	白	日

3 다음 그림과 어울리는 단어를 고르세요.

토기　　국토

午

뜻   소리

낮   오

옛날에는 해 그림자를 보고
낮이라는 것을 알았어요.

夕

뜻   소리

저녁   석

달이 뜨는 저녁이에요.

▶ 한자를 쓰면서 익혀요.

▶ '오'와 '석'에 ○하고, 한자를 따라 쓰세요.

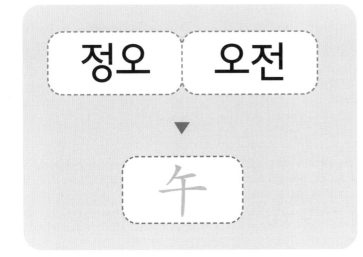

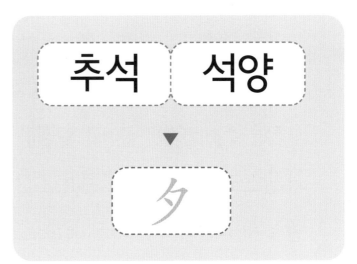

▶ 단어를 읽고 쓰세요. 午와 夕의 뜻을 찾아 ◯하세요.

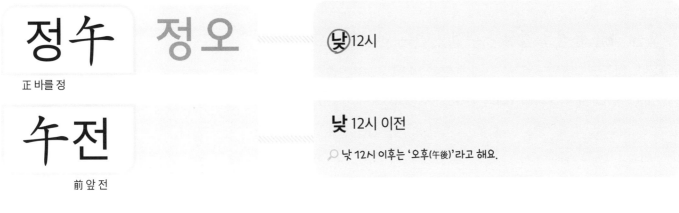

정午 정오
正 바를 정

午전
前 앞 전

낮 12시

낮 12시 이전
🔍 낮 12시 이후는 '오후(午後)'라고 해요.

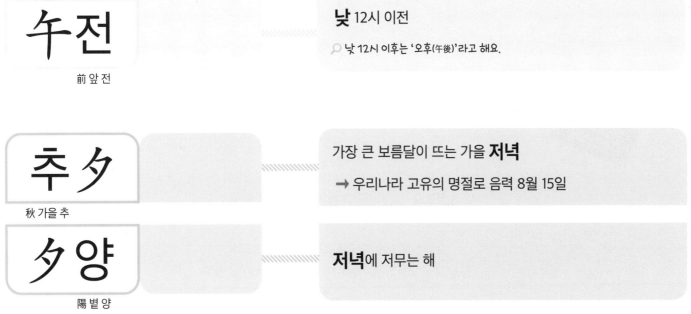

추夕
秋 가을 추

夕양
陽 볕 양

가장 큰 보름달이 뜨는 가을 **저녁**
→ 우리나라 고유의 명절로 음력 8월 15일

저녁에 저무는 해

77

교과서와 만나기

▶ 다음 글을 읽고 물음에 답하세요.

　　오늘 **오전** 수업 시간에 가을 풍경을 감상했어요. 준비해 온 가을 풍경 사진을 스케치북에 붙이고 설명하는 글을 썼어요. 그리고 친구들 앞에서 발표도 했어요. 내가 준비해 간 사진은 노랗게 벼가 익은 들판 뒤로 빨갛게 **석양**이 지는 사진이었어요. 내 짝꿍 지우가 준비한 사진은 작년 **추석** 때 온 가족이 함께 달을 바라보는 사진이었어요.

（교과 연계） 2학년 계절 [2즐03-02] 자연의 변화를 느끼며 놀이한다.

(1) 오늘 가을 풍경을 감상한 수업 시간은 언제였나요?　　　　　　　　　　수업 시간

(2) 지우가 준비해 온 사진은 무엇이었나요?　　　작년　　　　　　때 찍은 가족사진

낮말은 새가 듣고 밤말은 쥐가 듣는다

듣는 사람이 없다고 함부로 말하면 안 돼요.
항상 누군가 듣고 있다는 마음으로 말조심하기로 해요.

1 문장에 들어갈 알맞은 단어에 ○하세요.

(1)

(추석/석양)을 맞아 고향에 내려가려는 사람들로 기차역이 북적거렸다.

(2)

뉘엿뉘엿 넘어가는 (오전/석양)은 분홍빛인 듯 자줏빛인 듯 아름다웠다.

(3)

우리 동네 이비인후과는 토요일에 (오전/추석)에만 진료한다.

(4)

시청 광장에서는 매일 (추석/정오)를 알리는 종이 울린다.

2 다음 그림과 어울리는 단어를 고르세요.

정오   석양

3 밑줄 친 말에 해당하는 한자를 쓰세요.

<u>낮</u>말은 새가 듣고 밤말은 쥐가 듣는다

1 빈칸에 공통으로 들어가는 글자를 찾아 연결하세요.

(1) ☐급　　정☐　•

(2) 온☐　　☐증기　•

(3) ☐출　　☐기　•

(4) 예☐　　☐속　•

• 금 金

• 월 月

• 일 日

• 수 水

2 알맞은 단어를 <보기>에서 찾아 문장을 완성하세요.

> 보기　　작년　국토　목재

(1) 올해는 　　　　　 보다 눈이 많이 내린다.

(2) 독도는 우리 　　　　　 이다.

3 다음 한자의 뜻과 소리를 쓰세요.

(1) 火산 폭발로 사람들이 급히 대피했다.　　　　뜻:　　　소리:

(2) 이 土기는 신석기 시대의 유물로 밝혀졌다.　　　뜻:　　　소리:

요일에 자연이 있다고요?

우리는 일주일을 주기로 살아가고 있어요. 월, 화, 수, 목, 금요일은 학교에 가고, 토, 일요일은 여행도 하고 미뤄둔 공부도 하고 친구와 영화를 보러 가기도 해요.

요일을 부르는 말을 잘 살펴보세요. 모두 한자어인데 바로 우리 주변에서 볼 수 있는 자연의 이름이에요. 하나하나 살펴보면, 해 일(日), 달 월(月), 불 화(火), 물 수(水), 나무 목(木), 쇠 금(金), 흙 토(土)예요. 또한 요일을 나타내는 한자는 우주와도 연결돼요. 태양계 행성의 이름이거든요. 태양은 해니까 日, 달은 月, 수성은 水, 금성은 金, 화성은 火, 목성은 木, 금성은 金, 토성은 土예요.

요일 속에 녹아 있는 자연과 우주, 우리는 그 속에서 매일매일 살아가고 있어요.

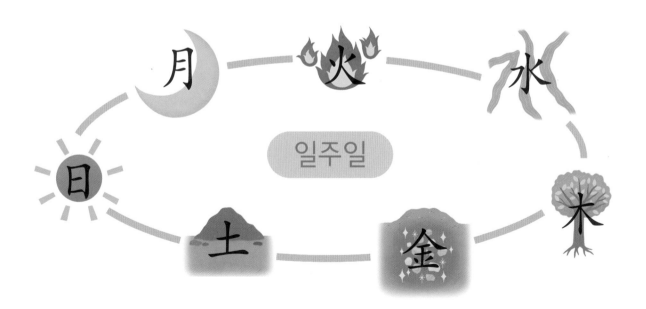

4단원 **나와 가족**

가족을 위해 땔감을 마련하는 아버지, 아기에게 젖을 먹이는 어머니, 늙은 어머니를 업고 가는 아들. 한자를 보며 가족의 의미를 생각해 보아요.

스스로 학습 계획을 세우고, 실천 후 😊에 표시하세요.

16일차

父 아버지 부
母 어머니 모

⬤ 월 ⬤ 일 😊

17일차

兄 형 형
弟 아우 제

⬤ 월 ⬤ 일 😊

19일차

男 사내 **남**
女 여자 **녀**

●월 ●일 😆

18일차

孝 효도 **효**
子 아들 **자**

월 ●일 😆

20일차

長 길 **장**
老 늙을 **로**

●월 ●일 😆

父

뜻   소리

아버지 **부**

아버지가 도구를 들고 일하고 있어요.

母

뜻   소리

어머니 **모**

어머니가 아이에게 젖을 먹이고 있어요.

▶ 한자를 쓰면서 익혀요.

▶ '부'와 '모'에 ○하고, 한자를 따라 쓰세요.

조부모
▼
父母

부자
▼
父

모녀 모유
▼
母

▶ 단어를 읽고 쓰세요. 父와 母의 뜻을 찾아 ○하세요.

| 父母 | 부모 | 아버지와 어머니 |

| 조父母 | | 부모의 **부모** → 할아버지와 할머니 |
祖 할아버지 조

| 父자 | | **아버지**와 아들 |
子 아들 자

🔍 돈이 많고 부유한 사람도 부자(富者)예요. 소리는 같지만 뜻은 달라요.

| 母녀 | | **어머니**와 딸 |
女 여자 녀

| 母유 | | **어머니**의 젖 |
乳 젖 유

▶ 다음 글을 읽고 물음에 답하세요.

이모네 가족과 함께 캠핑을 떠났어요. 우리 **부모**님은 텐트를 설치하시고 이모와 이모부는 식사를 준비하셨어요. 나와 사촌 오빠는 가져온 짐을 정리했어요. 각자 역할을 나누어 일을 하니 금방 자리가 정리되었어요. 우리는 저녁으로 고기를 구워 먹으며 이야기를 나누었어요.

"아빠, 이모부가 정말 부자예요?"

"아, 아까 이모부가 **부자**라고 한 건 아버지와 아들이란 뜻이야. 이모부와 사촌 오빠 사이를 말하지. 너와 엄마는 **모녀** 사이라고 해."

(교과 연계) 2학년 마을 [2바02-01] 공동체에서 내가 할 수 있는 일을 찾아보고 실천한다.

(1) 캠핑에서 텐트를 설치한 것은 누구인가요?   님

(2) 이모부와 사촌 오빠 사이를 무엇이라고 하나요?

생각을 키우는 오늘의 **속담**

고슴도치도 제 자식이 제일 곱다

날카롭고 뾰족한 고슴도치의 털도 부모의 눈에는 가장 부드럽게 보일 거예요.
모든 부모에게 자식은 항상 예쁘고 사랑스러워요.

1 문장에 들어갈 알맞은 단어를 <보기>에서 찾아 쓰세요.

보기   조부모 부자 모녀 모유

(1) 아버지와 아들은 삼겹살을 좋아한다. 입맛마저 [   ]가 꼭 닮았다.

(2) 엄마와 나는 웃는 모습이 똑같아서 누구나 [   ]인 것을 한눈에 알아본다.

(3) 엄마가 아기를 안고 [   ]를 먹이고 있다.

(4) 나는 매년 여름방학이 되면 [   ]님과 시간을 보내기 위해 시골로 내려간다.

2 다음 뜻에 해당하는 한자를 찾아 연결하세요.

(1) 어머니 •   • 母

(2) 아버지 •   • 父

3 다음 그림과 어울리는 단어를 고르세요.

부자   모녀

兄

뜻	소리
형	**형**

입을 크게 벌려 이야기하는 형의 모습이에요.

弟

뜻	소리
아우	**제**

동생을 나타내요.

▶ 한자를 쓰면서 익혀요.

▶ '형'과 '제'에 ○하고, 한자를 따라 쓰세요.

▶ 단어를 읽고 쓰세요. 兄과 弟의 뜻을 찾아 ○하세요.

兄弟	형제	형과 아우 ♪ 아우는 동생을 뜻해요.
의兄弟 義 옳을 의		의리로 맺은 **형**과 **아우**
호兄호弟 呼 부를 호　呼 부를 호		서로 **형**과 **아우**로 부르며 친하게 지냄
兄수 嫂 부인 수		**형**의 아내
弟자 子 아들 자		선생님으로부터 가르침을 받는 나이가 **어린** 사람 ♪ 弟는 '나이가 어리다'라는 뜻도 있어요.

89

▶ 다음 글을 읽고 물음에 답하세요.

얼마 전 《의좋은 **형제**》라는 책을 읽었어요. 형은 동생을, 동생은 형을 생각해 쌀가마를 서로에게 나르는 모습이 감동적이었어요.

저는 외동이지만 옆집에 사는 동생 지호와 친하게 지내요. 우리 아빠는 지호 아빠와 **호형호제**하며 지내고 있어요. 아빠는 지호 아빠를 '형', 지호 엄마를 '**형수**'라고 불러요. 저도 《의좋은 **형제**》 속의 **형제**처럼 지호와 서로 배려하며 지내고 싶어요.

교과 연계) 2학년 국어 [2국02-04] 인물의 마음이나 생각을 짐작하고 이를 자신과 비교하며 글을 읽는다.

(1) 얼마 전 읽은 책의 제목은 무엇인가요?　　　　　　　　　　　　의좋은

(2) 우리 아빠가 지호 엄마를 무엇이라고 부르나요?

생각을 키우는
오늘의 속담

형만 한 아우 없다

아우가 아무리 뛰어나도 형의 실력이나 형이 아우를 사랑하는 마음에는 미치지 못한다는 뜻이에요.
형이나 오빠, 누나나 언니가 있다면 "고마워"라고 마음을 전해 보세요.

1 문장에 들어갈 알맞은 단어를 <보기>에서 찾아 쓰세요.

> 보기   형제   의형제   제자   호형호제

(1)

> 졸업한 [   ]들이 오랜만에 찾아와 선생님께서 기뻐하셨다.

(2)

> 우리 [   ]는 키도 비슷하고 항상 붙어 다녀 친구로 오해를 받는다.

(3)

> 말이 잘 통하는 그들은 금방 [   ]하며 친하게 지냈다.

(4)

> [   ]인 지호와 정현이는 친형제보다 우애가 깊다.

2 다음 뜻에 해당하는 단어를 찾아 ○하세요.

- 형의 아내를 가리키는 말.
- 우리 아빠가 큰엄마를 이렇게 불러요.

호	형	수
의	제	자
우	수	녀

3 다음 뜻에 해당하는 한자를 찾아 연결하세요.

(1)

형 •

• 弟

(2)

아우 •

• 兄

뜻   소리

효도 **효**

늙으신 부모님을 자식이 업고 있어요.

뜻   소리

아들 **자**

양팔을 벌린 아기의 모습이에요.

▶ **한자를 쓰면서 익혀요.**

一 十 土 耂 考 孝 孝

フ 了 子

▶ '효'와 '자'에 ○하고, 한자를 따라 쓰세요.

▶ 단어를 읽고 쓰세요. **孝**와 **子**의 뜻을 찾아 ○하세요.

孝子	효자	효도하는 아들
		🔍 孝는 부모님에 대한 사랑과 존경을 뜻해요.
孝심 心 마음 심		효도하는 마음
불孝 不 아니 불		효도하지 않음
손子 孫 손자 손		자식의 아들
子녀 女 여자 녀		아들과 딸

▶ 다음 글을 읽고 물음에 답하세요.

우리 할아버지는 저에게 동화책을 많이 읽어 주세요.

"우리 **손자**, 재미있는 이야기 들려줄까?"

오늘 할아버지께서 읽어 주신 동화는 《호랑이 등에 탄 **효자**》였어요.

"총각의 **효심**에 감동한 호랑이는 총각을 잡아먹지 않고 살려 주었어요."

할아버지께서 들려주신 이야기에 나도 모르게 "후유, 다행이다!"하고

외쳤어요. 착한 주인공이 호랑이에게 잡아먹힐까 봐 조마조마했거든요.

(교과 연계) 1학년 국어 [2국05-02] 작품을 듣거나 읽으면서 느끼거나 생각한 점을 말한다.

(1) 할아버지께서 읽어 주신 동화의 제목은 무엇인가요?　호랑이 등에 탄

(2) 동화 속 호랑이는 왜 총각을 잡아먹지 않았나요?　총각의 　　　　　에 감동해서

생각을 키우는
오늘의 **속담**

효성이 지극하면 돌 위에 꽃이 핀다

효성이 지극하면 기적 같은 일이 생긴다는 말로 어떤 조건에서도 자식 된 도리를
다해야 한다는 뜻이에요. 수고하신 부모님을 위해 우리는 어떤 일을 할 수 있을까요?

94

1 문장에 들어갈 알맞은 단어를 <보기>에서 찾아 쓰세요.

> 보기   효자 불효 손자 자녀

(1)
> 부모와 ⬜ 는 대화를 많이 해야 한다.

(2)
> 우리 아빠는 멀리 살고 계신 할머니께 매일 전화를 드리는 ⬜ 이다.

(3)
> 이번에 막냇동생이 태어나서 우리 할머니는 ⬜ 가 5명이 되었다.

(4)
> 삼촌은 돌아가신 할아버지 사진 앞에서 ⬜ 자를 용서해 달라고 울었다.

2 다음 뜻에 해당하는 한자를 찾아 연결하세요.

(1)
효도 •   • 子

(2)
아들 •   • 孝

3 다음 그림과 어울리는 단어를 고르세요.

효심   불효

男

뜻   소리

사내 **남**

밭에서 힘써 일하는 남자의 모습이에요.

女

뜻   소리

여자 **녀**

앉아 있는 여자의 모습이에요.

▶ **한자를 쓰면서 익혀요.**

▷ '남'과 '녀'에 ○하고, 한자를 따라 쓰세요.

▷ 단어를 읽고 쓰세요. 男과 女의 뜻을 찾아 ○하세요.

男女	남녀	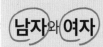

장男
長 길 장

첫째 **아들**
🔍 男은 '아들'이라는 뜻도 있어요.

男매
妹 누이 매

남자와 여자로 이루어진 형제 관계
🔍 오빠와 여동생, 누나와 남동생을 가리켜요.

손女
孫 손자 손

자식의 **딸**
🔍 女는 '딸'이라는 뜻도 있어요.

해女
海 바다 해

바닷속에서 해산물을 잡는 **여자**

교과서와 만나기

▶ 다음 글을 읽고 물음에 답하세요.

우리 할머니는 제주도 **해녀**랍니다. 잠수도 잘하시고 전복이나 해삼 같은 해산물도 금방 따세요. 오늘은 할머니께서 물질하는 모습을 직접 보러 바닷가에 갔어요. 엄마가 **해녀** 할머니들께 우리 **남매**를 소개하셨어요.

"김할망네 손자, **손녀**가 잘도* 귀엽다이."

우리 가족은 남아서 바닷가 근처에 버려진 쓰레기도 함께 주었어요. 제주 바다가 참 예쁘게 느껴진 하루였어요. *잘도: 제주도 사투리로 '매우'라는 뜻이에요.

(교과 연계) 2학년 자연 [2바01-04] 생태환경에서 더불어 살기 위해 노력한다.

(1) 제주도에 사시는 할머니의 직업은 무엇인가요?

(2) 엄마는 해녀 할머니들에게 누구를 소개했나요?   우리

생각을 키우는
오늘의 **속담**

개구리 올챙이 적 생각 못 한다

성공한 사람이 힘들었던 지난 일은 생각하지 않고 으스대거나 잘난 체 할 때 쓰는 말이에요.
성공한 사람에게 중요한 것은 겸손이라는 사실을 잊지 마세요.

1 문장에 들어갈 알맞은 단어를 <보기>에서 찾아 쓰세요.

보기 남녀 장남 남매 해녀

(1) 이 식당의 화장실은 _____가 함께 써야 해서 불편하다.

(2) _____는 별다른 기계 장치 없이도 오랫동안 잠수할 수 있다.

(3) 우리 집은 아들이 둘, 딸이 둘, 모두 사 _____이다.

(4) 우리 아빠는 동생이 셋 있는 _____이시다.

2 다음 뜻에 해당하는 한자를 찾아 연결하세요.

(1) 여자 •   • 男

(2) 남자 •   • 女

3 그림에서 가리키는 말에 해당하는 한자를 쓰세요.

뜻　소리

길다　**장**

수염과 머리카락이 긴 노인의 모습이에요.

뜻　소리

늙다　**로**

허리가 굽은 노인이 지팡이를 짚고 있어요.

▶ 한자를 쓰면서 익혀요.

▶ '장'과 '로(노)'에 ○하고, 한자를 따라 쓰세요.

반장	장단

▼

長

노인	남녀노소

▼

老

▶ 단어를 읽고 쓰세요. 長과 老의 뜻을 찾아 ○하세요.

長老 　장로

(나이가 많고) 덕이 높은 (어른)

🔍 옛날에는 머리카락이 긴 노인을 한 마을의 우두머리로 모셨대요.
그래서 長은 '길다', '어른', '우두머리'라는 뜻도 있어요.

반長
班 나눌 반

반의 **우두머리**

🔍 어떤 무리를 이끄는 사람을 우두머리라고 해요.

長단
短 짧을 단

① **길고 짧음**
② 좋은 점과 나쁜 점
③ 노래나 춤의 박자

老인
人 사람 인

나이가 많은 사람

🔍 老는 '노'라고도 읽어요.

남녀老소
男 사내 남　女 여자 녀　　少 적을 소

남자와 여자, **나이가 많은** 사람과 적은 사람

→ 모든 사람

101

교과서와 만나기

▶ 다음 글을 읽고 물음에 답하세요.

오늘 국어 시간에 자신이 겪은 일 중 인상적인 것을 쓰고 발표했어요.

"어제 처음 엄마와 버스를 타고 옆 동네에 있는 마트로 장을 보러 갔어요. 그때 무거운 짐을 든 할머니가 타시길래 제가 자리를 양보해 드렸어요."

우리 반 **반장**인 지안이의 발표를 듣고 깜짝 놀랐어요. 내가 적은 글과 비슷했거든요. 나는 항상 **노인**, 임산부, 장애인들이 앉을 수 있도록 마련된 교통약자석에는 앉지 않고, 늘 자리를 양보한답니다.

(교과 연계) 1학년 국어 [2국01-04] 자신의 경험이나 생각을 바른 자세로 발표한다.

(1) 나는 누구의 발표를 듣고 깜짝 놀랐나요?　　　　우리 반 　　　　　인 지안이

(2) 교통약자석은 누가 앉을 수 있도록 마련된 자리인가요?　　　　　　, 임산부, 장애인

 생각을 키우는 오늘의 **속담**

나라 상감님도 늙은이 대접은 한다

상감님이란 나라의 왕을 말해요. 높은 지위의 왕도 노인에게 예의를 갖춘다는 말이지요.
버스나 지하철에서 할머니, 할아버지를 만나면 꼭 공손히 인사하고 자리를 양보하도록 해요.

1 문장에 들어갈 알맞은 단어를 <보기>에서 찾아 쓰세요.

> 보기   장로   반장   노인   남녀노소

(1)
> 옆집 할머니는 80살이 넘은 _____ 이시지만 아직도 열심히 일을 하신다.

(2)
> 이 만화 영화는 _____ 누구나 좋아한다.

(3)
> 지안이는 우리 반 _____ 으로 어려운 친구들을 잘 도와준다.

(4)
> 마을의 어른이신 _____ 들이 모여 문제를 해결하려고 논의 중이다.

2 다음 문장에 공통으로 들어갈 단어를 찾아 ○하세요.

- 모든 일에는 _____ 이 있다.
- 장구 에 맞추어 춤을 추었다.
- 밤은 발음의 _____ 에 따라 뜻이 달라진다.

노	인	경
반	장	단
경	로	인

3 다음 뜻에 해당하는 한자를 찾아 연결하세요.

(1)
> 늙다 •

> • 老

(2)
> 길다 •

> • 長

1 빈칸에 공통으로 들어가는 글자를 찾아 연결하세요.

(1) 남☐   손☐   •   • 녀女

(2) ☐제   ☐수   •   • 부父

(3) ☐모   ☐자   •   • 장長

(4) ☐로   ☐단   •   • 형兄

2 알맞은 단어를 <보기>에서 찾아 문장을 완성하세요.

보기   제자   남녀노소   불효

(1) 스승의 날을 맞아 오랜만에 옛 ☐☐☐ 들이 방문했다.

(2) 공공도서관은 ☐☐☐ 누구나 이용할 수 있다.

3 다음 한자의 뜻과 소리를 쓰세요.

(1) 할머니는 손子들의 재롱에 환하게 웃으셨다.   뜻: 소리:

(2) 우리 男매는 과자를 더 먹겠다고 자주 싸운다.   뜻: 소리:

부모님과 나는 몇 촌일까?

할아버지 생신을 맞이하여 온 친척이 모였어요. 삼촌에 사촌 동생들까지 오랜만에 만나니 시끌벅적 정말 즐거워요. 그런데 삼촌과 사촌은 무슨 의미일까요?

삼촌은 촌수로 3촌 관계이고, 사촌은 4촌 관계예요. '촌수'란 나와 친척 사이의 가까운 정도를 나타내는 숫자예요. 촌(寸)은 '마디'라는 뜻인데 손가락 끝에서 손목까지의 길이를 나타내요. 짧은 거리라는 뜻이지요.

그렇다면 촌수는 어떻게 계산할까요?

아빠와 엄마처럼 부부 사이는 0촌이에요. 없을 무(無)를 써서 무촌이라고도 하지요. 부모와 자녀처럼 아래로 이어지는 관계는 1촌, 형제처럼 동등하게 이어지는 관계는 2촌이에요. 이렇게 관계 사이에 있는 촌수를 더하면 몇 촌 관계인지 계산할 수 있어요. 그림을 보며 '나'를 중심으로 친척들이 몇 촌인지 계산해 보세요.

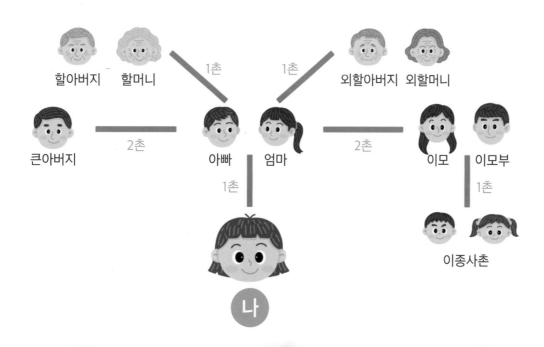

上 위 **상**
下 아래 **하**

 월 일 😄

出 나갈 **출**
入 들 **입**

 월 일 😄

內 안 **내**
外 바깥 **외**

 월 일 😄

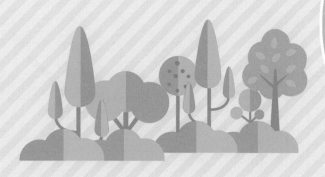

大

뜻 소리

크다 **대**

사람이 두 팔 벌리고 서 있어요.

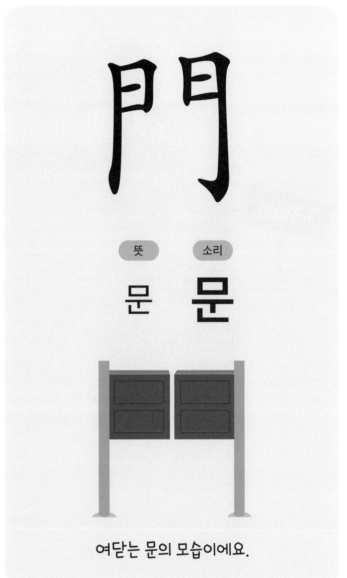

門

뜻 소리

문 **문**

여닫는 문의 모습이에요.

▶ 한자를 쓰면서 익혀요.

一 ナ 大

丨 冂 冂 冃 冃 門 門 門

▶ '대'와 '문'에 ○하고, 한자를 따라 쓰세요.

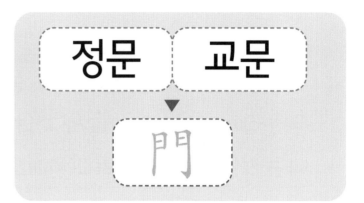

▶ 단어를 읽고 쓰세요. 大와 門의 뜻을 찾아 ○하세요.

大門	대문	큰문

🔍 집에서 가장 큰 문으로 주된 출입구를 뜻해요.

大형		같은 물건 중에서도 **큰** 것

型 모형 형

확大		늘여서 **크게** 함

擴 넓힐 확

🔍 줄여서 작게 하는 것은 '축소(縮小)'라고 해요.

정門		건물의 정면에 있는 **문**

正 바를 정

교門		학교의 **문**

校 학교 교

▶ 다음 글을 읽고 물음에 답하세요.

우리 가족은 엄마, 아빠, 나와 동생 그리고 할머니, 할아버지예요. 모두 한집에서 살아요. 이렇게 자녀가 결혼을 한 후에도 부모님과 함께 사는 것을 **확대** 가족이라고 한대요.

아파트 **정문**에서 우리 학교 **교문**까지는 걸어서 15분 정도 걸려요. 일찍 출근하시는 부모님 대신 할머니, 할아버지 손을 잡고 등교해요. 오늘 국어 시간에 할머니, 할아버지께 감사한 마음을 담아 편지를 썼어요. 편지를 드리면 할머니, 할아버지께서 정말 좋아하실 것 같아요.

교과 연계 2학년 국어 [2국06-02] 일상의 경험과 생각을 글과 그림으로 표현한다.

(1) 결혼한 자녀가 부모와 함께 사는 가족의 형태는 무엇인가요?　　　　　　　　　가족

(2) 아파트 정문에서 어디까지 걸어서 15분 정도 걸리나요?　　　학교

 생각을 키우는 오늘의 **속담**

남의 손의 떡은 커 보인다

 왜 내 것보다 남의 것이 더 크고 좋아 보일까요? 그만큼 사람의 욕심은 끝이 없다는 것이에요. 남의 것을 부러워하기보다 내가 가진 것을 소중하게 생각하세요.

1 빈칸에 들어갈 알맞은 단어를 찾아 연결하세요.

(1)
마침 오래된 냉장고가 고장이 나서 　　　　　 냉장고로 바꾸었다. •

• 정문

(2)
광화문은 경복궁의 　　　　　 이다. •

• 대형

2 빈칸에 들어갈 알맞은 단어를 글자 카드에서 만들어 쓰세요.

(1)
할머니께서 글자가 작아서 안 보인다고 화면을 　　　　　 해 달라고 하셨다.

확 출 대

(2)
수업이 끝난 후 　　　　　 에서 할아 버지와 만나기로 했다.

문 교 형

3 다음 밑줄 친 한자의 뜻과 소리를 쓰세요.

아침부터 누군가가 <u>大</u>문을 두드렸다.

뜻:

소리:

뜻 소리

가운데 **중**

가운데 깃발을 꽂아 놓은 모습이에요.

뜻 소리

작다 **소**

떨어지는 작은 돌이에요.

▶ 한자를 쓰면서 익혀요.

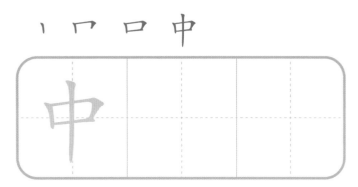

▶ '중'과 '소'에 ○하고, 한자를 따라 쓰세요.

▶ 단어를 읽고 쓰세요. 中과 小의 뜻을 찾아 ○하세요.

中小	중소	크기가 (중간)이거나 (작은) 것 🔍 中은 위치의 '가운데' 뿐만 아니라 크기가 크지도 작지도 않은 '중간'을 의미하기도 해요.

中심		한 **가운데**

心 마음 심

집中		① **가운데**로 모임 ② 한 가지 일에 힘을 쏟음

集 모을 집

최小		가장 **작음**

最 가장 최

축小		줄여서 **작게** 함 🔍 늘여서 크게 하는 것은 '확대(擴大)'라고 해요.

縮 줄일 축

▶ 다음 글을 읽고 물음에 답하세요.

내가 사는 곳은 인구가 그리 많지 않은 **중소** 도시예요. 그렇지만 출근 시간에는 **중심**가에 차들이 **집중**되어 도로가 막혀요. 집에서 아빠 회사까지 **최소** 1시간이나 걸리지요. 그래서 아빠는 회사에 갈 때 주로 버스를 이용해요. 버스 같은 대중교통을 이용하면 빨리 갈 수 있을 뿐만 아니라, 매연도 적게 나와 환경을 지키는 데도 도움이 돼요.

(교과 연계) 1학년 약속 [2슬03-04] 우리의 생활과 관련된 지속가능성의 다양한 사례를 찾고 탐색한다.

(1) 내가 사는 곳은 인구가 그리 많지 않은 어떤 도시인가요?　　　　　　　　　　도시

(2) 차가 막힐 때 집에서 아빠 회사까지 얼마나 걸리나요?　　　　　　　　　　1시간

생각을 키우는 오늘의 **속담**

작은 고추가 더 맵다

몸집이 작은 사람이 큰 사람보다 오히려 재주가 뛰어나고 야무지다는 말이에요.
혹시 키가 작아 고민인 친구라면 당당히 외쳐볼까요? 작은 고추가 더 맵거든!

1 빈칸에 들어갈 알맞은 단어를 찾아 연결하세요.

(1)
> 동생에게 《효녀 심청》의
> ⬤ 내용을 설명했다.

⬤ 중심

(2)
> 건강을 위해 일주일에 ⬤
> 3번은 운동을 해야 한다.

⬤ 최소

2 빈칸에 들어갈 알맞은 단어를 글자 카드에서 만들어 쓰세요.

(1)
> 이 장난감은 에펠탑을 ⬤ 해 놓
> 은 것이다.

소	축	대
집	소	중

(2)
> 수업 시작합니다. ⬤ 해 주세요.

3 밑줄 친 말에 해당하는 한자를 쓰세요.

<u>작은</u> 고추가 더 맵다

기준선 위에 무엇인가 있어요.

기준선 아래에 무엇인가 있어요.

▶ 한자를 쓰면서 익혀요.

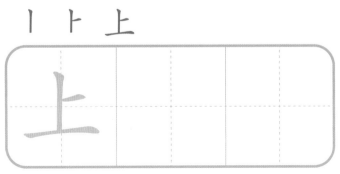

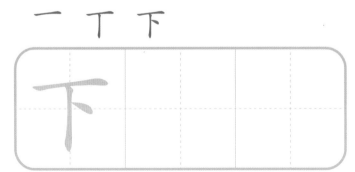

▶ '상'과 '하'에 ○하고, 한자를 따라 쓰세요.

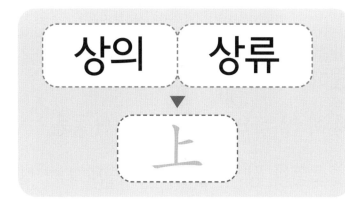

▶ 단어를 읽고 쓰세요. 上과 下의 뜻을 찾아 ○하세요.

| 上下 | 상하 | ⟶ | 위와 아래 |

| 上의 | | ⟶ | 위에 입는 옷 |
衣 옷 의

| 上류 | | ⟶ | 강의 윗부분 |
流 흐를 류

| 지下 | | ⟶ | 땅의 아래 |
地 땅 지

| 下교 | | ⟶ | 학교에서 내려감 → 공부를 끝내고 집으로 돌아감 |
校 학교 교

🔍 下는 '아래로 내려가다'라는 뜻도 있어요.

▶ 다음 글을 읽고 물음에 답하세요.

정현이와 나는 매주 수요일마다 어린이 도서관에 가요. **하교**하자마자 **지하**철을 타고 가지요. 동물에 관심이 많은 우리는 도서관에서 동물 도감을 보고 또 보면서 시간을 보내요. 오늘은 강의 **상류**와 하류에 사는 물고기가 다르다는 사실을 알았어요. 환경에 따라 사는 동물이 달라진대요.

(교과 연계) 2학년 자연 [2슬01-04] 사람과 자연, 동식물이 어우러져 사는 생태를 탐구한다.

(1) 정현이와 나는 무엇을 타고 도서관에 가나요?　　　　　　　　　　철

(2) 오늘 동물도감을 읽고 무엇을 알게 되었나요?

강의 　　　　　　　와 하류에 사는 물고기가 다르다

생각을 키우는 오늘의 **속담**

찬물도 위아래가 있다

찬물처럼 사소한 음식이라도 어른께 먼저 드려야 한다는 말이에요.
오늘 저녁 식사를 할 때는 "아빠, 엄마 먼저 드세요"라고 말해 볼까요?

1 빈칸에 들어갈 알맞은 단어를 찾아 연결하세요.

(1)
　　　　 주차장이 가득 차서 지상 주차장에 차를 세워 두었다.　　·

(2)
놀이기구가 　　　　 좌우로 마구 흔들렸다.　　·

· 상하

· 지하

2 빈칸에 들어갈 알맞은 단어를 글자 카드에서 만들어 쓰세요.

(1)
콜라를 쏟아서 　　　　 를 갈아입었다.

(2)
오늘은 눈이 많이 와서 오전 수업만 하고 　　　　 했다.

상　지　의

교　하　상

3 다음 그림과 관련 있는 단어를 고르세요.

지하　　상의

뜻 소리

나가다 **출**

나가는 모습이에요.

뜻 소리

들어가다 **입**

들어가는 모습이에요.

▶ 한자를 쓰면서 익혀요.

▶ '출'과 '입'에 ○하고, 한자를 따라 쓰세요.

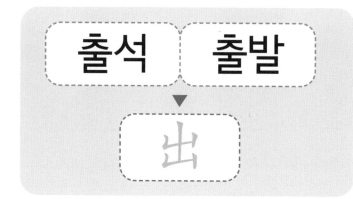

출석	출발
▼	
出	

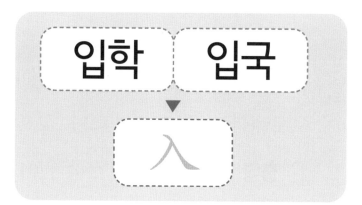

입학	입국
▼	
入	

▶ 단어를 읽고 쓰세요. 出과 入의 뜻을 찾아 ○하세요.

出入　출입　┈┈┈┈┈　나가고 들어옴

出석
席 자리 석
어떤 자리에 **나가** 참여함

出발
發 필 발
목적지를 향하여 **나감**

入학
學 배울 학
학교에 **들어가** 학생이 됨

入국
國 나라 국
자기 나라 또는 남의 나라 안으로 **들어감**

 자기 나라 또는 남의 나라 밖으로 나가는 것은 '출국(出國)'이에요.

▶ 다음 글을 읽고 물음에 답하세요.

초등학교에 **입학**한 지 벌써 3개월이 되었어요. 이제 학교생활에도 익숙해졌고, 학교 구석구석도 잘 알아요. 학교 안에 있는 위험한 공간은 '**출입** 금지'라고 크게 쓰여 있어서 언제나 안전하게 놀 수 있어요.

2시부터는 방과 후 수업이 시작돼요. 나는 로봇 과학 수업을 들어요. 선생님께서 수업을 시작 할 때 **출석**을 부르시는데, 각자 지은 별명으로 불러 주세요. 나는 우리 학교가 참 좋아요.

(교과 연계) 1학년 학교 [2바01-01] 학교생활 습관과 학습 습관을 형성하여 안전하고 건강하게 생활한다.

(1) 학교의 위험한 공간에는 어떤 문구가 쓰여 있나요?　　　　　　　　　　　금지

(2) 방과 후 수업을 시작할 때 선생님께서 별명으로 무엇을 부르시나요?

생각을 키우는
오늘의 **속담**

가는 말이 고와야 오는 말이 곱다

내가 먼저 남에게 고운 말을 쓰고 잘 대해 주면 남도 나를 잘 대해 준다는 의미예요.
반 친구들에게 상냥한 목소리로 칭찬 한마디씩 해 주면 어떨까요?

1 빈칸에 들어갈 알맞은 단어를 찾아 연결하세요.

(1)
나는 미술 학원에 빠짐없이 ⬚ 하였다. •

(2)
사촌 형의 대학 ⬚ 을 축하하기 위해 모두 모였다. •

• 출석

• 입학

2 빈칸에 들어갈 알맞은 단어에 ○하세요.

(1)
할머니가 편찮으시다는 소식에 미국에 사는 삼촌이 어제 급히 ⬚ 했다.

(2)
내가 탄 기차는 부산에서 ⬚ 해 서울로 간다.

입국 입학

출석 출발

3 다음 밑줄 친 한자의 뜻과 소리를 쓰세요.

박물관 출入문을 찾지 못해 허둥지둥했다.

뜻:

소리:

123

한자와 만나기

5단원 25일차 | 안 내, 바깥 외   월 일

內

뜻 소리

안 내

집 안으로 들어가요.

外

뜻 소리

바깥 외

달이 뜬 밤에 담을 넘어 바깥으로 나가요.

▶ 한자를 쓰면서 익혀요.

丨冂冃内   內

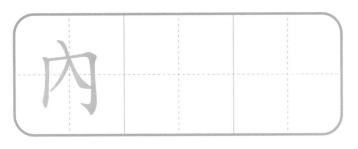

ノクタ列外   外

124

▶ '내'와 '외'에 ○하고, 한자를 따라 쓰세요.

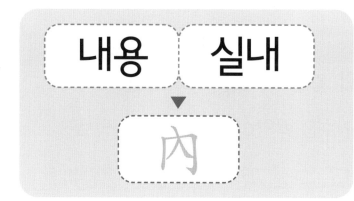

▶ 단어를 읽고 쓰세요. 內와 外의 뜻을 찾아 ○하세요.

內外 　내외 ┈┈┈
① 안과 밖
② 부부
③ 덜하거나 넘음

內용
容 담을 용 ┈┈┈ 안에 들어있는 것

실內
室 집 실 ┈┈┈ 방이나 건물의 안

야外
野 들 야 ┈┈┈ 건물 밖 또는 들판

外출
出 나갈 출 ┈┈┈ 밖으로 나감

▶ 다음 글을 읽고 물음에 답하세요.

오늘은 학교 근처 놀이공원으로 **야외** 체험 학습을 떠나는 날이에요. 어제 4교시에는 체험 학습 안전 교육도 받았어요. 그런데 아침부터 쏟아진 비로 체험 학습이 취소되었어요. 대신 역사 박물관을 관람하는 **실내** 체험 활동으로 바뀌었어요. 나는 박물관 곳곳을 다니며 안내문의 **내용**을 꼼꼼히 읽고 친구들과 이야기를 나누었어요. 놀이공원에 가지 못해 아쉬웠지만, 박물관에서 아주 많은 것을 배운 하루였어요.

(교과 연계) 1학년 학교 [2슬01-01] 학교 안팎의 모습과 생활을 탐색하며 안전한 학교생활을 한다.

(1) 오늘은 원래 어떤 것을 하기로 한 날인가요?　　놀이공원　　　　　　체험 학습

(2) 나는 무엇을 꼼꼼히 읽어 보았나요?　　　　　　안내문의

생각을 키우는 오늘의 **속담**

팔이 안으로 굽지 밖으로 굽나

팔이 안으로 굽듯 가족이나 자기와 가까운 사람에게 더 정이 가고
신경을 쓴다는 의미예요. 놀이터에서 내 동생과 모르는 아이가
싸운다면 먼저 내 동생 편을 들어 주겠지요?

1 빈칸에 들어갈 알맞은 단어를 찾아 연결하세요.

(1)
친구들과 함께 새로 생긴 [   ]
스케이트장에 갔다.

• 내용

(2)
오늘 읽은 책은 [   ]이 너무
어려워서 한 번 더 읽어야겠다.

• 실내

2 빈칸에 들어갈 알맞은 단어에 ○하세요.

(1)
교장 선생님께서는 매일 학교 [   ]
를 돌아다니며 쓰레기를 주우신다.

내용   내외

(2)
우리 가족은 [   ]할 때 돈가스를
자주 먹는다.

야외   외식

3 밑줄 친 말에 해당하는 한자를 고르세요.

팔이 <u>안</u>으로 굽지 밖으로 굽나

內

外

127

1 빈칸에 공통으로 들어가는 글자를 연결하세요.

(1) ☐교　지☐　●

(2) ☐국　출☐　●

(3) ☐석　☐발　●

(4) ☐문　확☐　●

●　출 出

●　입 入

●　대 大

●　하 下

2 알맞은 단어를 <보기>에서 찾아 문장을 완성하세요.

보기　　입학　외출　중심

(1)　　　　　할 때는 반드시 부모님께 말씀을 드려야 한다.

(2)　　　　　한지 3달이 지났다니 시간이 정말 빠르구나!

3 빈칸에 공통으로 들어갈 한자를 <보기>에서 찾아 쓰세요.

보기

上
中
內

☐하 : 위와 아래

☐의 : 위에 입는 옷

☐류 : 강의 윗부분

학교에 올라가고 내려온다?!

즐겁고 안전한 학교생활을 하려면 지켜야 할 규칙이 많아요. 특히, 등교 시간을 잘 지켜야 해요. 보통 9시에 수업을 시작하니 8시 40분 또는 50분까지 등교해서 오늘 들을 수업을 준비해요.

그런데 왜 학교에 가는 것을 '등교'라고 할까요? 등(登)은 '오르다', 교(校)는 '학교'라는 뜻이에요. 산에 오르는 것을 등산(登山)이라고 하지요. 마치 산에 오르는 것처럼 학교에 올라간다는 뜻일까요? 옛날에는 실제로 배움의 장소가 주로 산속이나 언덕처럼 높은 곳에 있었어요. 또한 학교에서 이루어지는 배움은 더 높은 곳을 향해 올라가는 훌륭한 행동이라는 의미이기도 하지요. 반대로 학교가 끝나고 집으로 가는 것을 '하교'라고 해요. 아래 하(下)를 사용하여 아래로 내려간다는 의미예요.

매일 등교해서 더 높은 곳으로 나아가기 위해 열심히 배우고 하교하는 여러분이 정말 대견해요. 등교와 하교의 의미를 잘 생각하면서 즐겁고 안전한 학교생활 하세요.

한자 급수 안내

1권

♦8급 한사 위주, 생활 기초 한자

♦2개 이상의 한자가 결합되지 않는 획순이 적고 쉬운 한자

♦8급 30자, 7급 17자, 6급 2자, 5급 1자

人 사람 인_8	口 입 구_7
手 손 수_7	足 발 족_7
耳 귀 이_5	目 눈 목_6
心 마음 심_7	身 몸 신_6
自 스스로 자_7	力 힘 력_7
一 하나 일_8	二 둘 이_8
三 셋 삼_8	四 넷 사_8
五 다섯 오_8	六 여섯 육_8
七 일곱 칠_8	八 여덟 팔_8
九 아홉 구_8	十 열 십_8
年 해 년_8	月 달 월_8
火 불 화_8	水 물 수_8
木 나무 목_8	金 쇠 금_8
土 흙 토_8	日 해 일_8
午 낮 오_7	夕 저녁 석_7
父 아버지 부_8	母 어머니 모_8
兄 형 형_8	弟 아우 제_8
孝 효도 효_7	子 아들 자_7
男 사내 남_7	女 여자 녀_8
長 길 장_8	老 늙을 로_7
大 큰 대_8	門 문 문_8
中 가운데 중_8	小 작을 소_8
上 위 상_7	下 아래 하_7
出 나갈 출_7	入 들 입_7
內 안 내_7	外 바깥 외_8

2권

♦7급 한자 위주, 생활 및 교과 기초 한자

♦8급 10자, 7급 36자, 6급 12자, 5급 2자

東 동쪽 동_8	西 서쪽 서_8
南 남쪽 남_8	北 북쪽 북_8
春 봄 춘_7	夏 여름 하_7
秋 가을 추_7	冬 겨울 동_7
左 왼쪽 좌_7	右 오른쪽 우_7
世 인간 세_7	界 지경 계_6
民 백성 민_8	主 주인 주_7
國 나라 국_8	家 집 가_7
市 시장 시_7	村 마을 촌_7
洞 고을 동_7	里 마을 리_7
天 하늘 천_7	地 땅 지_7
花 꽃 화_7	草 풀 초_7
山 산 산_8	海 바다 해_7
風 바람 풍_6	雨 비 우_5
靑 푸를 청_8	林 수풀 림_7
有 있을 유_7	無 없을 무_5
不 아니 불_7	正 바를 정_7
多 많을 다_6	少 적을 소_7
分 나눌 분_6	明 밝을 명_6
安 편안할 안_7	樂 즐거울 락_6
古 옛 고_6	今 이제 금_6
文 글 문_7	字 글자 자_7
問 물을 문_7	答 답할 답_7
言 말씀 언_6	語 말씀 어_7
交 사귈 교_6	信 믿을 신_6
工 장인 공_7	夫 남편 부_7
衣 옷 의_6	食 먹을 식_7
時 때 시_7	間 사이 간_7
學 배울 학_8	校 학교 교_8
姓 성씨 성_7	名 이름 명_7

3권

♦6급 한자 위주, 교과 기초 한자, 어휘 확장성이 높은 한자

♦8급 2자, 7급 25자, 6급 28자, 5급 5자

重 무거울 중_7	要 중요할 요_5
新 새로울 신_6	聞 들을 문_6
共 함께 공_6	感 느낄 감_6
作 지을 작_6	成 이룰 성_6
全 온전할 전_7	知 알 지_5
社 모일 사_6	會 모일 회_6
道 길 도_7	路 길 로_6
事 일 사_7	物 물건 물_7
場 마당 장_7	所 바 소_7
去 갈 거_5	來 올 래_7
公 공평할 공_6	立 설 립_7
根 뿌리 근_6	本 근본 본_6
王 임금 왕_8	朝 아침 조_6
活 살 활_7	動 움직일 동_7
利 이로울 리_6	用 쓸 용_6
直 곧을 직_7	角 뿔 각_6
算 셀 산_7	數 셀 수_7
合 합할 합_6	同 같을 동_7
等 같을 등_6	號 이름 호_6
圖 그림 도_6	形 모양 형_6
登 오를 등_7	落 떨어질 락_5
生 날 생_8	命 목숨 명_7
方 네모 방_7	向 향할 향_6
空 빌 공_7	氣 기운 기_7
溫 따뜻할 온_6	度 법도 도_6
體 몸 체_6	育 기를 육_7
平 평평할 평_7	面 얼굴 면_7
前 앞 전_7	後 뒤 후_7
強 강할 강_6	弱 약할 약_6
善 착할 선_5	美 아름다울 미_6

정답

1일차

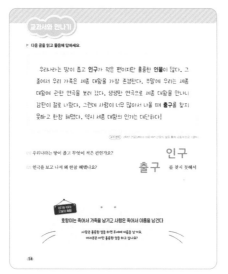

2일차

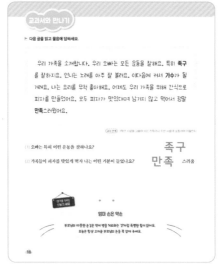

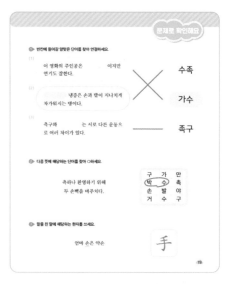

3일차

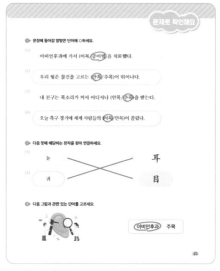

4일차

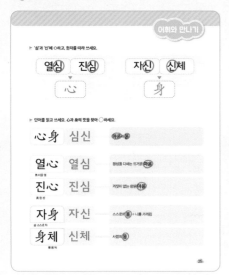

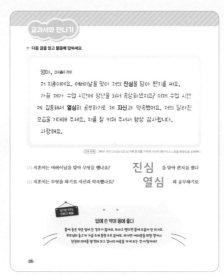

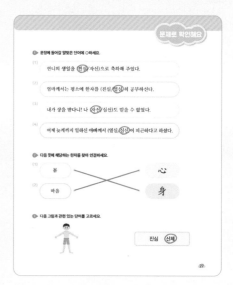

5일차

복습

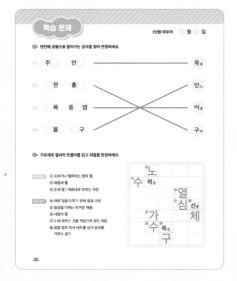

정답 **1**단원

소중한 나

6일차

어휘와 만나기

▶ '일'과 '이'에 ○하고, 한자를 따라 쓰세요.

동일 일회용   이중 이륜차
▼   ▼
一   二

▶ 단어를 읽고 쓰세요. 一과 二의 뜻을 찾아 ○하세요.

동一 동일   마치 (하나)가 섯처럼 같음

一회용 일회용   (한)번만 쓰고 버리는 것

二중 이중   (두)번 겹침

二륜차 이륜차   바퀴가 (두)개인 차를 통틀어 이르는 말

교과서와 만나기

▶ 다음 글을 읽고 물음에 답하세요.

오늘 엄마가 달콤한 주스를 사 오셨어요. 동생과 나는 주스를 컵에 따르고 양을 비교했어요. 나는 주스 양을 비교하는 방법을 동생에게 알려 주었어요. 마침내 주스 양이 동일해졌고 우리는 사이좋게 나눠 마셨어요. 그런데 일회용 종이컵을 써서 지구에게 미안해졌어요. 다음에는 유리컵에 따라 마셔야겠어요.

(1) 동생과 나의 주스 양이 어떻게 되었나요?   동일 해졌다
(2) 주스를 어떤 컵에 따라 마셨나요?   일회용 종이컵

둘이 먹다 하나가 죽어도 모른다

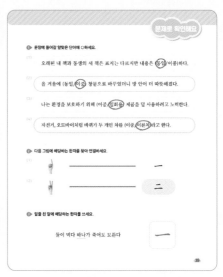

문제로 확인해요

① 문장에 들어갈 알맞은 단어에 ○하세요.
(1) 오래된 내 책과 동생의 새 책은 표지가 다르지만 내용은 (동일)이중)하다.
(2) 을 겨울에 (동일/이중) 창문으로 바꾸었더니 방 안이 더 따뜻해졌다.
(3) 나는 환경을 보호하기 위해 (이중/일회용) 제품을 덜 사용하려고 노력한다.
(4) 자전거, 오토바이처럼 바퀴가 두 개인 차를 (이중/이륜차)라고 한다.

② 다음 그림에 해당하는 한자를 찾아 연결하세요.
(1) ——— 一
(2) ——— 二

③ 밑줄 친 말에 해당하는 한자를 쓰세요.
둘이 먹다 하나가 죽어도 모른다   一

7일차

어휘와 만나기

▶ '삼'과 '사'에 ○하고, 한자를 따라 쓰세요.

삼각형 삼일절   사각형 사계절
▼   ▼
三   四

▶ 단어를 읽고 쓰세요. 三과 四의 뜻을 찾아 ○하세요.

三각형 삼각형   (세)개의 각이 있는 도형

三일절 삼일절   (3)월 1일 독립운동을 기념하기 위한 날

四각형 사각형   (네)개의 각이 있는 도형

四계절 사계절   봄, 여름, 가을, 겨울의 (네)계절

교과서와 만나기

▶ 다음 글을 읽고 물음에 답하세요.

오늘 학교에서 교실과 주변을 관찰하고 삼각형과 사각형인 물건을 찾아 보았어요. 급식으로 나온 샌드위치와 음악 시간에 연주한 트라이앵글은 삼각형이에요. 교실 앞 게시판에 붙어 있는 사계절 풍경 사진은 사각형이에요. 집에서도 다양한 모양을 찾아 볼 거예요.

(1) 급식으로 나온 샌드위치는 어떤 모양이었나요?   삼각형
(2) 내가 찾은 사각형 물건은 무엇이었나요?   사계절 풍경 사진

내 코가 석자

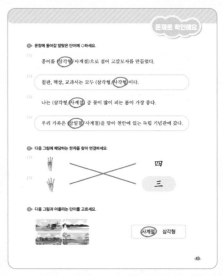

문제로 확인해요

① 문장에 들어갈 알맞은 단어에 ○하세요.
(1) 종이를 (삼각형/사계절)으로 접어 고깔모자를 만들었다.
(2) 칠판, 책상, 교과서는 모두 (삼각형/사각형)이다.
(3) 나는 (삼각형/사계절) 중 꽃이 많이 피는 봄이 가장 좋다.
(4) 우리 가족은 (삼일절/사계절)을 맞아 천안에 있는 독립 기념관에 갔다.

② 다음 그림에 해당하는 한자를 찾아 연결하세요.
(1) ——— 四
(2) ——— 三

③ 다음 그림과 어울리는 단어를 고르세요.
(사계절) 삼각형

8일차

어휘와 만나기

▶ '오'와 '육'에 ○하고, 한자를 따라 쓰세요.

오각형 오감   육각형 육면체
▼   ▼
五   六

▶ 단어를 읽고 쓰세요. 五와 六의 뜻을 찾아 ○하세요.

五각형 오각형   (다섯)개의 각이 있는 도형

五감 오감   (다섯)개의 감각 (시각, 청각, 후각, 미각, 촉각)

六각형 육각형   (여섯)개의 각이 있는 도형

六면체 육면체   (여섯)개의 면이 있는 입체

교과서와 만나기

▶ 다음 글을 읽고 물음에 답하세요.

나는 과학 수업을 가장 좋아해요. 오늘은 축구공에 대해 배웠어요. 축구공은 오각형 12개와 육각형 20개로 이루어져 있어요. 자석 블록을 이용해 직접 축구공 모양을 만들었어요. 과학 실험을 할 때는 오감을 활용해요. 시각, 청각, 후각, 미각, 촉각을 활용하니 더 생생하게 느껴져요. 매일 과학 시간이 기다려져요.

(1) 축구공에는 어떤 도형이 20개 있나요?   육각형
(2) 과학 실험을 할 때 무엇을 활용하나요?   오감

여자가 한을 품으면 오뉴월에도 서리가 내린다

문제로 확인해요

① 빈칸에 들어갈 알맞은 단어를 찾아 연결하세요.
(1) 개는   중 후각이 특히 발달했다. ——— 오감
(2) 벌집은 수많은   으로 이루어졌다. ——— 육면체
(3) 다섯 개의 점을 이어   을 그린다. ——— 육각형
(4) 주사위는   로, 각 면에는 숫자가 적혀 있다. ——— 오각형

② 다음 한자가 나타내는 숫자에 ○하세요.
(1) 五   3 / (5)
(2) 六   (6) / 7

③ 다음 그림과 어울리는 단어를 고르세요.
오감 (육면체)

9일차

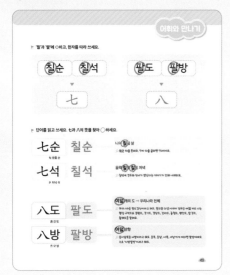

10일차

복습

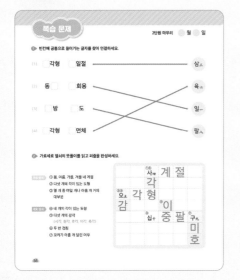

정답 **2**단원

나의 하루

11일차

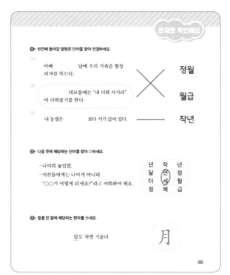

12일차

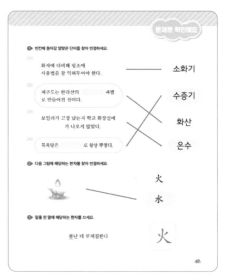

13일차

14일차

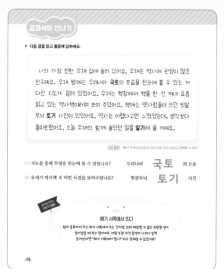

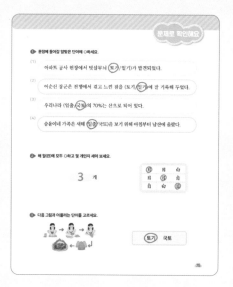

15일차

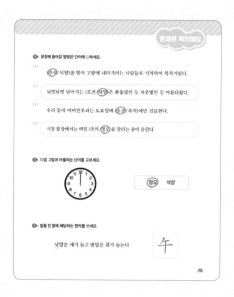

복습

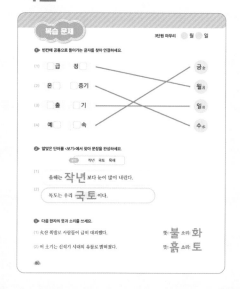

정답 3단원

나와 자연

16일차

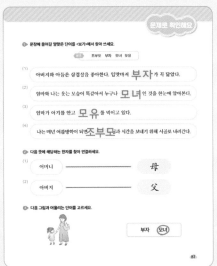

17일차

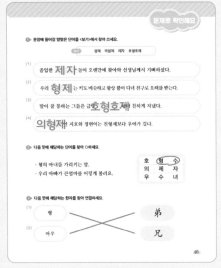

18일차

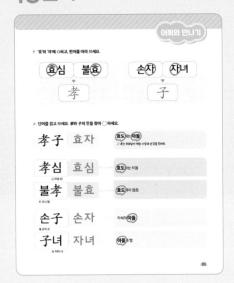

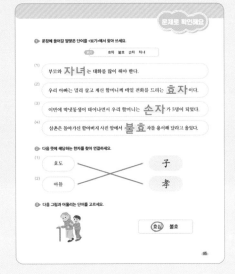

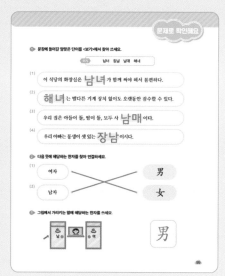

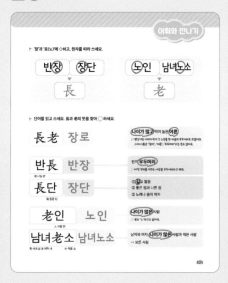

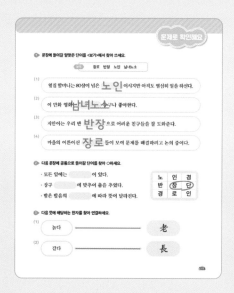

복습

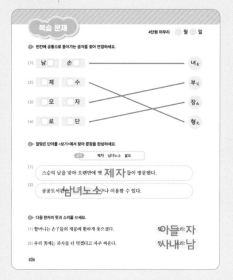

정답 4단원

나와 가족

21일차

▶ '대'와 '문'에 ○하고, 한자를 따라 쓰세요.

대형 확대
↓
大

정문 교문
↓
門

▶ 단어를 읽고 쓰세요. 大와 門의 뜻을 찾아 ○하세요.

大門	대문	큰문
大形	대형	같은 물건 종류에도 큰것
擴大	확대	늘어서 크게함
正門	정문	건물의 정면에 있는 문
校門	교문	학교의 문

▶ 다음 글을 읽고 물음에 답하세요.

우리 가족은 엄마, 아빠, 나와 동생 그리고 할머니, 할아버지예요. 모두 한집에서 살아요. 이렇게 자녀가 결혼을 한 후에도 부모님과 함께 사는 것을 **확대** 가족이라고 한대요.
아파트 **정문**에서 우리 학교 **교문**까지는 걸어서 15분 정도 걸려요. 일찍 출근하시는 부모님 대신 할머니, 할아버지 손을 잡고 등교해요. 오늘 국어 시간에 할머니, 할아버지께 감사한 마음을 담아 편지를 썼어요. 편지를 드리면 할머니, 할아버지께서 정말 좋아하실 것 같아요.

(1) 결혼한 자녀가 부모와 함께 사는 가족의 형태는 무엇인가요? **확대** 가족

(2) 아파트 정문에서 어디까지 걸어서 15분 정도 걸리나요? 학교 **교문**

남의 손의 떡은 커 보인다

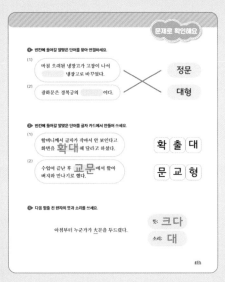

① 빈칸에 들어갈 알맞은 단어를 찾아 연결하세요.

(1) 버쩍 오래된 냉장고가 고장이 나서 냉장고로 바꾸었다. — 정문
(2) 광화문은 경복궁의 ___이다. — 대형

② 빈칸에 들어갈 알맞은 단어를 글자 카드에서 만들어 쓰세요.

(1) 할머니께서 글자가 작아서 안 보인다고 화면을 **확대**해 달라고 하셨다. 확 출 대
(2) 수업이 끝난 후 **교문**에서 함께 버스를 만나기로 했다. 문 교 형

③ 다음 밑줄 친 한자의 뜻과 소리를 쓰세요.

아침부터 누군가가 大문을 두드렸다.
뜻: 크다
소리: 대

22일차

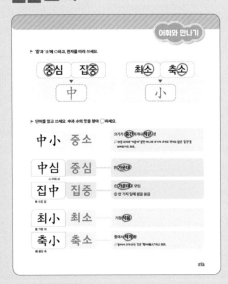

▶ '중'과 '소'에 ○하고, 한자를 따라 쓰세요.

중심 집중
↓
中

최소 축소
↓
小

▶ 단어를 읽고 쓰세요. 中과 小의 뜻을 찾아 ○하세요.

中小	중소	크기가 중간이거나 작은 것
中心	중심	한가운데
集中	집중	한가운데 모임
最小	최소	가장 작음
縮小	축소	줄여서 작게함

▶ 다음 글을 읽고 물음에 답하세요.

내가 사는 곳은 인구가 그리 많지 않은 **중소** 도시예요. 그렇지만 출근 시간에는 **중심**가에 차들이 **집중**되어 도로가 막혀요. 집에서 아빠 회사까지 **최소** 1시간이나 걸리죠. 그래서 아빠는 회사에 갈 때 주로 버스를 이용해요. 버스 같은 대중교통을 이용하면 빨리 갈 수 있을 뿐만 아니라, 매연도 작게 나와 환경을 지키는 데도 도움이 돼요.

(1) 내가 사는 곳은 인구가 많지 않은 어떤 도시인가요? **중소** 도시

(2) 차가 막힐 때 집에서 아빠 회사까지 얼마나 걸리나요? **최소** 1시간

작은 고추가 더 맵다

① 빈칸에 들어갈 알맞은 단어를 찾아 연결하세요.

(1) 동생에게 〈효녀 심청〉의 내용을 설명했다. — 중심
(2) 건강을 위해 일주일에 3번은 운동을 해야 한다. — 최소

② 빈칸에 들어갈 알맞은 단어를 글자 카드에서 만들어 쓰세요.

(1) 이 장난감은 예쁘답을 **축소**해 놓은 것이다. 소 축 대
(2) 수업 시작합니다. **집중**해 주세요. 집 소 중

③ 밑줄 친 말에 해당하는 한자를 쓰세요.

작은 고추가 더 맵다 小

23일차

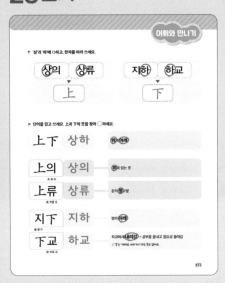

▶ '상'과 '하'에 ○하고, 한자를 따라 쓰세요.

상의 상류
↓
上

지하 하교
↓
下

▶ 단어를 읽고 쓰세요. 上과 下의 뜻을 찾아 ○하세요.

上下	상하	위와 아래
上衣	상의	위에 입는 옷
上流	상류	강의 윗부분
地下	지하	땅의 아래
下校	하교	학교에서 내려감 · 공부를 끝내고 집으로 돌아감

▶ 다음 글을 읽고 물음에 답하세요.

정현이와 나는 매주 수요일마다 어린이 도서관에 가요. **하교**하자마자 **지하**철을 타고 가지요. 동물에 관심이 많은 우리는 도서관에서 동물 도감을 보고 또 보면서 시간을 보내요. 오늘은 강의 **상류**와 하류에 사는 물고기가 다르다는 사실을 알았어요. 환경에 따라 사는 동물이 달라진대요.

(1) 정현이와 나는 무엇을 타고 도서관에 가나요? **지하**철

(2) 오늘 동물도감을 읽고 무엇을 알게 되었나요? 강의 **상류**와 하류에 사는 물고기가 다르다

천리 길도 위아래가 있다

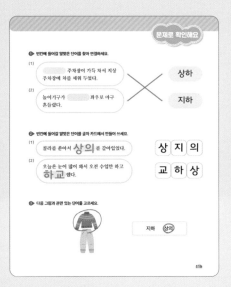

① 빈칸에 들어갈 알맞은 단어를 찾아 연결하세요.

(1) 주차장이 가득 차서 지상 주차장에 차를 세워 두었다. — 상하
(2) 늘어구구가 ___ 파우로 매우 흔들다. — 지하

② 빈칸에 들어갈 알맞은 단어를 글자 카드에서 만들어 쓰세요.

(1) 날씨 추워서 **상의**를 갈아입었다. 상 지 의
(2) 오늘은 눈이 많이 와서 오전 수업만 하고 **하교**했다. 교 하 상

③ 다음 그림과 관련 있는 단어를 고르세요.

지하 상의

24일차

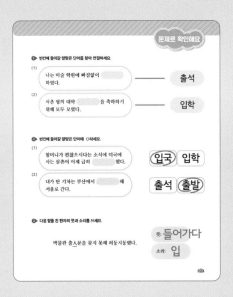

25일차

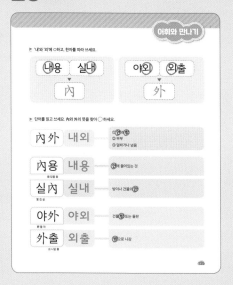

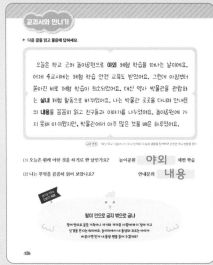

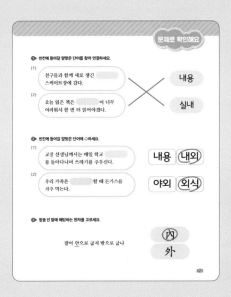

복습

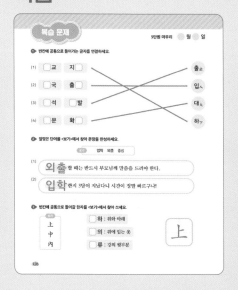

정답 **5**단원

나와 학교

▶ 1권에서 배운 한자를 써 보세요.

人	口	手	足
사람 인	입 구	손 수	발 족

耳	目	心	身
귀 이	눈 목	마음 심	몸 신

自	力	一	二
스스로 자	힘 력	하나 일	둘 이

三	四	五	六
셋 삼	넷 사	다섯 오	여섯 육

七	八	九	十
일곱 칠	여덟 팔	아홉 구	열 십

年	月	火	水
해 년	달 월	불 화	물 수

木	金	土	日
나무 목	쇠 금	흙 토	날 일
午	夕	父	母
낮 오	저녁 석	아버지 부	어머니 모
兄	弟	孝	子
형 형	아우 제	효도 효	아들 자
男	女	長	老
사내 남	여자 녀	길 장	늙을 로
大	門	中	小
큰 대	문 문	가운데 중	작을 소
上	下	出	入
위 상	아래 하	나갈 출	들 입
內	外		
안 내	바깥 외		

최소한의 초등한자 1권

초판 1쇄 인쇄 2024년 11월 18일
초판 1쇄 발행 2024년 11월 25일

지은이   김연수
펴낸이   하인숙

기획총괄 김현종
책임편집 박아영
그림   최은지
디자인   d.purple
사진 그림 Freepik

펴낸곳   더블북
출판등록 2009년 4월 13일 제2022-000052호
주소   서울시 양천구 목동서로 77 현대월드타워 1713호
전화   02-2061-0765 팩스 02-2061-0766
블로그   https://blog.naver.com/doublebook
인스타그램 @doublebook_pub
포스트   post.naver.com/doublebook
페이스북 www.facebook.com/doublebook1
이메일   doublebook@naver.com

© 김연수, 2024
ISBN 979-11-93153-43-7(64710)
979-11-93153-42-0 (세트)